开发孩子心智的亲子美术游戏

（韩）申洪美　著

王倩倩　译

辽宁科学技术出版社

沈　阳

©2013，简体中文版权归辽宁科学技术出版社所有。
本书由韩国TOTOBOOK Publishing Co. 授权辽宁科学技术出版社在中国大陆独家出版简体
中文版本。著作权合同登记号：06-2012 第 135 号。
版权所有·翻印必究

图书在版编目（CIP）数据

开发孩子心智的亲子美术游戏／（韩）申洪美著；王
倩倩译. —沈阳：辽宁科学技术出版社，2013.3
ISBN 978-7-5381-7705-3

Ⅰ.①开… Ⅱ.①申… ②王… Ⅲ.①美术课—学前
教育—教学参考资料②游戏课—学前教育—教学参考资料
Ⅳ.①G613

中国版本图书馆CIP数据核字（2012）第232725号

出版发行：辽宁科学技术出版社
　　　　　（地址：沈阳市和平区十一纬路29号　邮编：110003）
印　刷　者：辽宁美术印刷厂
经　销　者：各地新华书店
幅面尺寸：210mm×270mm
印　　张：9.25
字　　数：50千字
出版时间：2013年3月第1版
印刷时间：2013年3月第1次印刷
责任编辑：张歌燕
封面设计：魔杰设计
版式设计：晓　娜
责任校对：尹　昭

书　　号：ISBN 978-7-5381-7705-3
定　　价：35.00元

投稿热线：024-23284354
邮购热线：024-23284502
QQ：59678009
http://www.lnkj.com.cn

开发孩子心智的
亲子美术游戏

妈妈通过游戏给予
孩子无穷的力量

就在几年前，我还是一个不太称职的妈妈，每天忙于奔波自己的工作，一回到家就变成一滩烂泥，很少陪女儿彩英玩儿，还不如她的爸爸受欢迎。突然有一天，彩英的一句话给了我很大的冲击。"妈妈，你能和我一起玩彩纸游戏吗？"在幼儿园和培训班里，我可以用最新式的彩纸变魔术，带小朋友们玩得不亦乐乎，然而这对于我唯一的女儿来说却成了一种奢求。在女儿向我哀求的那个瞬间，在看到女儿的小脸上可怜的表情时，我的心被刺痛了，不禁一下子搂住了她，喃喃地向她道歉，同时下定决心，一定要用心地陪孩子快乐地玩耍。

此后的三年时间，我遵守了诺言，陪孩子快乐地玩耍。我们一起设计游戏，一起决定主题、准备材料、拍下照片、制成专辑，不知道有多开心。越来越多的游戏让我们成为彼此独一无二的好朋友。即使游戏再简单，我们也能从中获得幸福。

和女儿玩美术游戏的过程中，我自己身上也发生了翻天覆地的变化。刚开始时我经常执着于即时效果，只注重填鸭式教育。我经常冥思苦想每个游戏对孩子有何教育意义，虽然这种想法是好的，但是那样的游戏对我、对彩英都不是一件快乐的事情，更无从谈及有何效果了。美术游戏真正的效果并不能立竿见影，不过于期待反而会有意外的收获。于是，我开始慢慢地改变，就抱着单纯的"一起玩"的想法，就为了看到孩子那天真烂漫的表情，努力试着和孩子进行眼神交流、肢体接触。不管是什么主题，都积极地和孩子商量计划、准备琐碎的材料。不知从何时起，彩英不仅会认真听我的话，还会侃侃而谈，发表自己的意见。

在本书中，针对美术游戏什么时候做、如何做的问题，我将以自己的亲身经历和经验向大家娓娓道来。借此机会，向大家展示彩英如何通过和妈妈一起游戏，从细微之处发现乐趣、感受关爱、了解适应世界，如何用一张小脸感知万千情感，最终成长为一个快乐的孩子。

和所有的妈妈一样，我也无比好奇和关心孩子长大后成为怎样的人。但不管孩子将来在哪里生活、怎样生活，最坚实的后盾就是妈妈。在伴随孩子一生的心智、感性、社会性等因素的发育过程中，妈妈的作用是不可替代的，影响也是不可估量的。身为一名母亲，我坚信：和孩子一起游戏所产生的源源不断的力量将会成为孩子奔向美好未来的踏板。

同时，陪孩子一起做游戏让我们自己也变得快乐。在外忙于工作，在家忙于家务，难免让我们这些主妇心生厌烦，但和孩子一起玩的时候会忘掉这些、会开怀大笑。这种快乐也会影响到爸爸们，我丈夫以前一见到我们母女就大吼大叫，最终加入到我们的游戏中来，因此我家的三人游戏也不断增多，真实上演"全家总动员"。

本书中，没有那些复杂的游戏，也没有使用新奇材料，更没有用晦涩的专业术语将美术变得难以接近。只要家庭成员之间互相关爱、相互合作，那么即使准备不多也会玩得尽兴。

最近几年间，许多关注我的老朋友问我："彩英到底为什么会经常开心不已？""为什么让她干什么都很快乐？""美术游戏真的那么好吗？"我很自信地回答："当然！非常好。何止好呢，全家人都变得很幸福。"

在此感谢给予不足的我这个机会，让我能完成这本饱含爱意的书。再次衷心地感谢长期默默支持我的丈夫、作为模特儿的侄女宋妍、我的家人、为我指明方向的家长和孩子们、开放幼儿园的园长和亲友们、为我细心准备照片的双胞胎妈妈、扫帚工厂的姐姐们、大韩装饰的志愿者妈妈们。

最后将以此书送给赋予我妈妈称号的女儿彩英。

彩英，妈妈爱你！

感性妈妈　申洪美

2011年春

开始美术游戏之前

1. 为什么要和妈妈一起玩？

不知不觉间，儿童美术专家这条路我已走过十五载。最近所遇见的妈妈们对游戏性的美术教育，甚至是才艺体能教育有着疯狂的渴望。我想，这正是因为她们了解了美术游戏对孩子的情绪和智能发育有着至关重要的影响。没错，学习绘画并不是美术教育的全部。

美术游戏是使妈妈和孩子全都幸福的最给力的手段。妈妈们热爱美术并将其融于游戏之中，这种努力会让孩子感动不已。美术游戏为孩子日后所具备的各种才能奠定了坚实的基础，它会让孩子拥有优秀的创造力、卓越的解决问题的能力以及丰富的情感。

更重要的是，在家里和妈妈一起做美术游戏会有助于稳定孩子的情绪，培养正面的自我认识。从家庭中汲取着源源不断能量的孩子不仅会更高效地、更开心地学习，还懂得表达自己的内心，明白幸福是什么。这是任何一位专家学者都无法胜任的。作为妈妈，要对孩子关注的事物和发育状态了如指掌。

虽然妈妈和孩子都是新手，但不要被所谓的"美术"吓得畏惧不前。请将其想成美化生活和周边的一种活动。只要孩子能享受这个过程，就足够了。

美术是一个有着丰富创意和情感的世界，人人都可以接触。孩子是否会画画、制作并不重要。

美术游戏的核心是"创作"。美术活动必须通过身体和手部的动作才能完成。通过剪裁、粘贴、着色等活动，让孩子体验自己解决问题的过程。看着作品渐渐成形，逐渐明白自己可以做什么、自己喜欢什么。

妈妈是游戏伙伴，在整个过程中予以关注，从旁协助。适时地用话语引导孩子、激励孩子、称赞孩子。孩子从中获得成就感，有助于大脑和自我的健康发展。此外，和孩子共度游戏时间也提供了一个必不可少的育儿机会。如果认真观察小蜜蜂般忙来忙去的孩子，就会发现孩子到底关心什么、究竟擅长什么，通过和孩子聊天深入孩子的内心世界。美术游戏过程中所提出的形形色色的主题和创意性活动有助于发现、发掘孩子的独特之处。

2. 请铭记，这是全家的美术游戏

（1）不要固执于年龄和游戏

6~7岁的孩子也可以玩稍小年龄孩子常玩的简单有趣的五感游戏，通过游戏提高对美术的兴趣，满足其活动要求。只要不是强求过难的游戏，那么游戏中的"适宜年龄"仅作为参考即可。和妈妈一起进行的美术游戏并不同于按部就班的学院教育。只有活生生存在于生活中的教育，才能经久不衰。

（2）简单准备，但要和孩子一起做

再简单的游戏，也要事前和孩子制订计划、说明规则。只要准备必要的材料就可以了，这样可以提高游戏的成功率。

（3）心急吃不了热豆腐

不要从一开始就贪心，选择几个简单易行的游戏每周反复做，这样才能亲身感受到孩子的进步。

（4）在打扫卫生之前进行

孩子在捣乱的过程中也会学有所得。烦琐热闹的游戏建议在洗澡、清扫之前进行。

（5）不要对孩子期望过高

有的时候孩子并不会展示其惊人的作品和行为。如果孩子认真完成制订的游戏计划、探索材料、鉴赏作品等过程，就请给予他们表扬吧。作为一个孩子，完成这些难道不令人惊讶吗？不要站在妈妈的立场上对孩子妄加臆断。

尤其是0~3岁之前，让孩子静静地观察妈妈的行为，引起他的好奇心，这也是一种"参与"。

（6）妈妈和孩子是平等的游戏伙伴

妈妈单方面地为孩子做事是游戏的大忌。通过游戏妈妈也能学到很多东西，妈妈厌烦的游戏最终也会让孩子厌烦。从开始到结束，都要和孩子"一起"进行。

（7）将孩子的作品应用于生活

养成陈列美术游戏作品的习惯。用行动来表达妈妈对孩子作品的满意，给孩子一个充分欣赏自己作品的机会。由此孩子才会更加投入游戏、增强成就感和自尊感；当然，还会让家里的景色变得温暖而美好，也可以照下来发到微博上面。

（8）探索素材和实际操作一样重要

妈妈们最容易忽略的游戏过程是探索素材。我教过的5岁儿童中，绝大多数都只会哭得一塌糊涂，并不能很好地使用材料和工具。虽然不会妨碍到游戏的进行，但是这一旦变成了习惯就麻烦了。和妈妈一起谈论每种材料的有趣之处，这种材料的探索过程一定要按照年龄循序渐进。

各年龄段的游戏焦点

"你好，我是你的妈妈！"

0~3岁：来到这个世界开始新生的时期

这个时期的孩子难以独自进行美术游戏。通过和妈妈一起进行大肌肉群活动游戏、色彩游戏、探索素材游戏、基础造型游戏等体会游戏的快乐之处。此外，有利于增强和妈妈的紧密感和纽带感。此时孩子对周边事物都抱有一种好奇的态度，而游戏则打开了一个崭新的感知世界的大门。

"让我们去探险吧！"

3~5岁：主动探索五感的时期

这个时候的孩子好奇心旺盛、发育迅速，总想要自己做点什么。此时通过促进五感发育的游戏让孩子的好奇心、想象力更加丰富。此外，还可以通过和小伙伴见面以及积极的游戏来培养孩子的社会性。

"一起发挥创意思维吧！"

5~7岁：自由思想萌芽时期

这个时期孩子的活动领域不断扩大，开始学会具体的自我表达。常会突发奇想，将婴幼儿时期的经历很个性地展示出来甚至情景再现。此时小肌肉群开始发育，因此要引导孩子多进行剪裁、粘贴、揉搓等基础的手部动作。为其提供多种材料和工具，促进其大脑发育。

美术游戏基本材料核对表

用途	材料		核对
需要事先购买的材料 **必需品**	蜡笔或彩笔		
	素描本或纸		
	铅笔		
	橡皮		
	彩色铅笔		
	油性笔或白板笔		
	签字笔		
	颜料		
	毛笔		
	剪刀		
	胶水		
	透明胶带		
	木工胶水		
	胶枪		
	黏土		
抽空收集的材料 **生活中收集**	纸箱类	大型纸箱子	
		包装盒和纸片	
		纸商标	
	瓶子类	果汁瓶（玻璃）	
		果酱瓶（玻璃）	
		其他玻璃瓶	
		饮料瓶	
	容器类	酸奶桶	
		铝桶	
		各种容器盖	
	其他	卫生纸芯	
		干洗店衣架	
自然物 **在自然中寻找**	树叶		
	松果或果实		
	树枝		
	小石头		
	贝壳等		

关于材料的详细说明请见141页。

目录

第1章　准备活动！儿童游戏

① 噗噗噗，生平初见之游戏

第2章　我的家是美术游乐场

② 嚓嚓嚓，厨房是美味的美术料理室

3 咚咚咚，客厅是愉快的创意乐园

4 嗵嗵嗵，孩子的房间是暖暖的想象作坊

5 哗哗哗，浴室是开心的五感乐园

第3章 妈妈和孩子，无时无刻不快乐

6 轰轰轰，游乐园是呼吸的情感工作室

7 啦啦啦，周末旅行是移动的游戏教室

第4章 让人难忘的特别游戏

8 当当当，特殊日子的美术游戏

第1章
准备活动！儿童游戏

我们的孩子有着世界上最清澈的眼睛，他们沐浴着自然的阳光，开始学着和世界沟通。妈妈们，请你们引导孩子那无比珍贵的思想和心灵。你们和孩子初次的美术游戏将刺激孩子的五感，温暖孩子的心灵。

这世界上神奇的东西真多啊！

噗噗噗，生平初见之游戏

轻松开始的母子间对话！
孩子对世界的好奇心迸发！

和孩子玩美术游戏的益处

1. 稳固和妈妈的亲密关系。
2. 通过接触各种原材料来刺激五感。
3. 奠定身体、感知、情感发育的基础。

和孩子玩美术游戏时的注意事项

1. 当孩子无法跟上游戏进度的时候，不要责备孩子。
2. 不要有过高地期待，和孩子愉快地度过每一刻。
3. 在游戏的每个阶段都要表扬孩子，对孩子微笑。
4. 要随时注意孩子，以防其吞吃材料。

彩纸花雨游戏

游戏效果

可以感知各种颜色和动作。第一次和妈妈一起进行游戏，有助于稳固母子间的关系。疲于照顾孩子和家务活的妈妈们也会感到心情愉快。

游戏材料

基本材料

儿童风铃、彩纸、剪刀、透明雨伞、卫生手套、透明胶带、绳子、衣架、其他……

妈妈的愉快心情

游戏附加材料

包装纸

① ② ④

⑤-1　⑤-2　⑤-3

① 让孩子和风铃进行对话。抱着孩子，让孩子自己触摸或者摇晃风铃。

② 让孩子舒服地坐好，递给她用塑料袋装着的彩纸，一边把彩纸弄出"哗啦啦哗啦啦"的声音，一边让孩子触摸。

③ 将彩纸剪成四边形，这时可以让剪子发出"咔嚓咔嚓"的声音。

④ 打开透明雨伞让孩子拿着，一边说"天上落下了什么东西呢？"一边将彩色纸片徐徐地撒下来。彩纸片从高处散落下来的样子会让孩子感到惊奇不已。

⑤ 将散落下来的纸片装进卫生手套或者彩纸塑料袋中，吹起后用胶带绑住挂在衣架上。可以是一个简单的游戏，也可以升级为送给孩子的礼物。

还可以这样玩！

展开包装纸，将彩纸片当做包饭材料卷起来，这样就变成紫菜包饭游戏了！

洋溢着关爱的断奶食品游戏

游戏效果

　　让孩子知道慈爱之人正是"妈妈"。通过触摸断奶食品增强手的触感，让孩子认识到吃东西也是一件很快乐的事情。

游戏材料

基本材料

孩子第一次吃断奶食品的材料（白米、黑米、糯米等谷物）、酸奶瓶、密封容器、杵臼、盘子、浅口盘、冰箱里的剩余蔬菜、其他……

妈妈细心温柔的10分钟

游戏附加材料

饭勺或者汤匙、碗

 ①

 ②

 ③

 ④

 ⑤-1

 ⑤-2

①　展示断奶食品材料，给孩子时间用五感来探索。看一看、摸一摸、闻一闻、听一听。将材料放进酸奶瓶或者密封容器中摇晃，会发出各种有趣的声音。

②　将谷物捣碎之后让孩子触摸粉末。

③　制作断奶食品，向孩子展示材料变成美食的过程，也可以让其亲眼见到粥渐渐浓稠的过程。

④　将完成的断奶食品放凉后放到孩子的盘子中，让其自由玩耍，一定要确认好食品的温度。

⑤　在断奶食品上面摆上胡萝卜或者黄瓜，做成眼睛、鼻子、嘴巴。孩子的断奶食品问世了！酥饼、豌豆、小豆、紫菜粉末、玉米粒等都可以应用到其中。粥掉到地上会很滑，要及时擦净，以免伤到孩子。

还可以这样玩！

　　用饭勺或者汤匙盛起食物放到其他碗里，或者用手将谷物捡起来，这种游戏会促进孩子手部肌肉的发育。用勺子像打高尔夫一样击打圆滚滚的谷粒也是很有趣的。

要成为爱书的孩子

用画册来刺激五感

游戏效果

让孩子认识到书是让人愉悦的东西。看到孩子接触书中的世界，妈妈的梦想也随之变大。

游戏材料

基本材料

画册、彩色包装纸、其他……

妈妈温柔的噪音

游戏附加材料

纸箱、孩子的衣服、彩纸、名画集

❶

❷

❸

❹

❺

❻

还可以这样玩！

1. 将画册藏在纸箱中、衣服里、窗帘后、地毯下等地方，让孩子去找。

2. 将彩纸夹在桌子中间，如果孩子偶然间发现会无比高兴。

3. 为孩子准备名画集，让孩子与名画逐渐亲近。

❶ 将画册用彩色包装纸仔细包好。

❷ 妈妈将包好的画册藏在身后，让孩子猜一猜是什么东西，以激起孩子的好奇心。

❸ 拿出画册，拆开包装，做出发现宝物般惊喜的表情，给予孩子成就感和发现的喜悦。

❹ 让孩子用手抚摸书，"黄色的书让人感觉很温暖啊！"用言语将颜色和感觉一起告诉孩子。

❺ 将封面贴近孩子的耳朵，一只手敲打封面，"叩叩！有人在家吗？叩叩叩！可以进去吗？"自然地引导孩子。

❻ 现在打开画册和孩子对视。从这个瞬间开始，才真正开始和世界交流感受。

宝贝，要记住妈妈的模样哦

假面游戏

游戏效果

认识妈妈的阳光面容，获得妈妈就在眼前的安全感，通过自觉加入游戏培养能动性。

游戏材料

基本材料

各种卫生纸（卷筒卫生纸、纸抽、厨房用纸、湿巾等），各种果汁（橙汁、葡萄汁、番茄汁），小碗，其他……

妈妈享受游戏的心情

①

不可以一个人吃。

②

③

④

⑤

⑥

感性妈妈的经验谈

"比起游戏的结果，要更注重过程。"

如果妈妈过于纠结没能做出漂亮假面这个结果，就会将这种失落和不满传染给孩子。要记住，让妈妈和孩子之间的关系更愉悦也是游戏的重要目的之一。请不要忘记妈妈是孩子的游戏搭档，一起探索、一起享受。

① "呼呼"吹起卫生纸，向孩子展示卫生纸轻薄的特性。

② 试着将卫生纸揉皱、捏成一团或者撕开。此时一定要注意不要让孩子吞食卫生纸残片。

③ 向孩子描述果汁的颜色和味道，将每种果汁都倒一点在碗里。

④ 妈妈将卫生纸展开，引导孩子用手在卫生纸上戳两个洞。注意不要戳到孩子的眼睛。

⑤ 在卫生纸上滴上少许果汁浸湿。可以团成一团，也可以撕成碎片，甚至可以将果汁倒在孩子的手掌上。

⑥ 利用完成的假面进行游戏。妈妈从假面的窟窿中伸出手指头或者舌头，并发出逗孩子的声音，这样可以刺激孩子的思维、唤起孩子的笑声。

⑦ 游戏之后将假面悬挂在窗边。

用孩子的物品来累积回忆

尿布莫扎特游戏

游戏效果

充满回忆的物品可以制造另外一个回忆。兴奋的兔子跳游戏可以培养肢体的协调能力，自觉的身体游戏有助于主动性的发育。

游戏材料

基本材料

棉质尿布、四方形的儿童用品、彩纸、音乐CD、相机、其他……

妈妈珍视孩子物品的心意与感觉

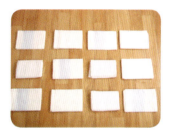
①

②

③-1

③-2

④

⑤

① 将棉质尿布像摆棋盘一样整齐地摆放。

② 将放好的棉质尿布隔一格撤掉一个，在空位放上儿童用品。

③ 这次将尿布隔两格或者随意撤掉，在空出的位置放上红、黄、蓝、绿、紫等各色彩纸。

④ 牵着孩子的小手轻快地踏上莫扎特之路。要一步一步地走，注意不要让孩子跌倒。打开音乐，有节奏地行进。

⑤ 将完成的模样用相机"咔嚓"照下来，并记录好日期保存。

感性妈妈的经验谈

"播放音乐，不仅会更开心，还可以提高游戏水准。"

游戏时，我播放的是《扑通扑通》这首童谣。踩着尿布行进的时候就像踩着石头过河一样有趣，此外还有助于孩子注意力的集中。无论妈妈多想让孩子按照拍子来走，但是结果都不尽人意。这时如果借助音乐的力量，就会更自然更有趣地进行游戏。

孩子手模展示会

游戏效果

可以将属于孩子的那些稍纵即逝的痕迹收集起来，有助于增加父母对孩子的了解。

游戏材料

基本材料

纸、图章、果汁、相框、剪刀、绳子、镊子、湿巾、其他……

妈妈凝视孩子时的慈爱目光

①-1 ①-2 ②
③ ④-1 ④-2

① 将手浸在不同颜色的蔬菜汁里，然后印在纸上。妈妈轻轻地抓住孩子的手腕予以帮助。每次印完之后都要及时用湿巾擦干净孩子的手掌。

② 用手指蘸着蔬菜汁，然后随意点点画画。

③ 蔬菜汁干了之后，按照相框的大小裁好，装进相框。

④ 用镊子将孩子完成好的作品晾起来，放在窗户或者镜子上面作为装饰。

"要重视孩子的表现，并予以表扬。"

我从彩英幼儿时期开始就将其痕迹巨细无遗地收集起来。每次看到的时候都会表扬她。有客人来访的时候也会将话题自然转到彩英身上。

软乎乎，一次新的体验

用面团来制作家人

游戏材料

基本材料

面粉、小碗、水、水果子、黑豆、其他……

妈妈想让孩子接触新事物的努力

①

②

游戏效果

刺激孩子的五感，发掘多种情感。

通过从面粉到面团、从面团到具体形态的过程，孩子自觉制订下一步计划。

❶ 妈妈将面粉慢慢倒进碗里。孩子产生好奇心并试着触摸面粉。

❷ 将水注入面粉中，揉成软面团。

❸ 孩子触摸面团，充分体验软乎乎的感觉。

❹ 揪下一块面放在手里搓成长条，一端粘上一块圆面团。这时妈妈用愉快的表情来描述家庭成员。在面团上嵌入水果子和黑豆做成眼睛、鼻子、嘴巴。用手指头压扁面团并做出花纹。

③

④-1

④-2

④-3

还可以这样玩！

1. 继续将面团搓成长条，一条粘着一条直到房门。要果断地不停地黏结，直至孩子吃惊地瞪大双眼。

2. 将不同长度、大小的面团放在一起比较。或者充分给予孩子时间来观察比较家人的五官。

闪亮表情游戏

游戏材料

基本材料

纸、油性笔、透明胶带、手镜、表情不干胶标签、其他……

妈妈充满好奇的声音和丰富的表情

①

②

③

④

⑤-1

⑤-2

游戏效果

明白自己与他人的概念，社会性开始萌芽，并且成长为一个爱笑的孩子。你还可以发现孩子许多你从未见过的表情。

①将纸剪成若干个圆，在上面画上高兴、生气、吃惊、皱眉等各种表情。

②画完表情之后，用胶带粘到吸管上。

③将镜子放在孩子面前，慢慢地引导。指出镜子中孩子的脸，一一指明眼睛、鼻子和嘴巴。此时如果妈妈能够描述孩子的长相和自己不一样，那么就会让孩子认识到一个独一无二的自己。

④在镜子和妈妈的脸上贴上贴纸。

⑤在孩子身上挠痒痒，促使其做出各种表情，并对其进行说明。

⑥带着表情图片散步时，可以拿着或者拴在婴儿车的把手上，相信孩子会很高兴的。

感性妈妈的经验谈

"孩子通过妈妈学习情感和微笑，拥有积极的自我个性。"

孩子越小，妈妈的家务活就越多。在妈妈的不知不觉间，孩子一天天长大。但是孩子最可爱的时期也正是此时。请暂时放下工作，为了我们可爱的孩子，试着做一次表情教练吧。经常微笑的孩子会健康向上地成长。

快乐的砌砖游戏

游戏效果

在砌砖的过程中，孩子的主动性得到锻炼。看着砌起来的砖块，成就感倍生。将塌下来的砖块重新垒起来，也是一次接受失败重新来过的经历。

游戏材料

基本材料

各种大小的纸箱子、牛奶盒、砖纹壁纸、剪子、彩纸、玩具、其他……

妈妈让孩子体验主动性的不断努力

游戏附加材料

大型纸箱子

26

①

②

③

④

⑤

⑥

① 将纸箱子和牛奶盒用砖纹壁纸包好。在空箱子里面塞满报纸就会制作出结实的砖块了。

② 将纸砖块一块一块地垒起来，在砖块之间夹上彩纸，对宝宝说："这是红色的屋顶、黄色的屋顶……"

③ "垒起来了……高起来了……个子长高了……"通过游戏明确大小和高度的概念。

④ "还可以垒得更多呢……变宽了哦……又胖了啊……"用几个牛奶盒子摆出更大的柱子，让孩子明白数量和宽窄的概念。

⑤ 试着用嘴轻轻吹口气或者用手微微一推。"哗啦啦啦——哎呀，全都倒了。怎么办呢？"通过话语引起孩子的好奇心。

⑥ 为了更开心更有趣地游戏，在砖块的顶端放上孩子最喜欢的玩具。

感性妈妈的经验谈

"通过一起做游戏，培养孩子对妈妈的信赖感。"

和仍在牙牙学语的孩子一起游戏，是培养母子间感情以及沟通的绝佳机会。孩子心中的情感全都流露在眼睛中。让孩子知道，"原来妈妈是可以帮助我的啊！"

还可以这样玩！

可以将砖块装入大型纸箱子中保管，同时也可以让孩子养成整理的习惯。

穿越隧道丛林游戏

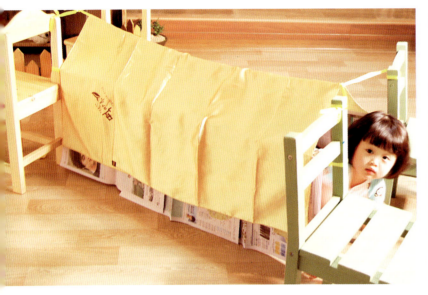

游戏效果

有助于孩子身体的协调发育。

感受穿过隧道的喜悦，巩固母子间的纽带关系。

游戏材料

基本材料

绳子、椅子、报纸、布块、饼干、玩具、线、彩纸、其他……

父母给予孩子游戏空间的宽容之心

①

②

③

④

⑤

⑥

① 将椅子摆成一排，呈隧道模样。椅子靠背用长绳绑住，将报纸挂在绳子上面，一个简易的隧道就大功告成了。

② 将布展开搭在绳子上面做隧道顶部。

③ 在隧道旁边也搭上绳子，将饼干或者玩具用线吊在上面。增加数数、唱歌内容会将隧道游戏变得更加有趣。

④ 在隧道里面放入红、黄、蓝等各色彩纸。平放会让孩子难以抓起，可以试着握成一团。

⑤ 唱着歌向隧道出发！用各种各样的形容词或拟声词来鼓励孩子，例如：慢慢地、轻轻地、扭来扭去地、密密麻麻的、咚咚咚等。

⑥ 当孩子爬出隧道时，一定要对着他的眼睛说："我正在等着你呢。"由此培养孩子对妈妈的信任。

感性妈妈的经验谈

"充满好奇心和快乐的游戏本身就是一种教育。"

在孩子还没有正式接受教育之前，可以先制定一个个小小的目标，通过游戏让孩子了解拟声拟态词、数字、字母等。这就是所谓的寓教于乐。

妈妈牌戏剧

影子啊，来玩吧！

游戏效果

移动的影子可以提升孩子的想象力和手指灵活度。随着影子的变幻莫测，妈妈也仿佛回到淘气的童年。

游戏材料

基本材料

纸药袋、报纸、透明胶带、木筷子、玩偶眼睛、彩纸或者各种商标、胶水、剪子、白布、手电筒、各种生活用品、其他……

妈妈的天真烂漫之心

游戏附加材料

首饰

①

②

③

④

⑤

完成~

① "今天我们要放入药袋的不是药片，而是其他东西哦"，边说边将报纸握成团放进去。

② 用透明胶带将木筷子粘在药袋上。

③ 贴上彩纸做成动物的耳朵，再镶上玩偶眼睛。虽然用乳胶或者胶枪比较干净利索，但是透明胶带比较安全、更易上手。

④ 用彩纸做成鼻子的模样粘上去，一个妈妈牌棒棒玩偶就大功告成了！也可以用稍厚一点的各色各样的饼干盒子替代。

⑤ 挂上白布作为背景，用手电筒将棒棒玩偶和各种生活用品投射在白布上，开始我们的影子游戏吧。

感性妈妈的经验谈

"在孩子面前，妈妈要放下身段，以丰富孩子的灵魂为己任。"

大概没有一位妈妈会在与孩子独处的时候感到害羞吧。在孩子的面前，妈妈能胜任任何角色，或是唠叨鬼或是淘气包，也是唯一能丰富孩子灵魂的人。

还可以这样玩！

1. 可以利用帽子和腰带等配件，也可以只用手来做影子游戏。

2. 关灯躺在床上，利用手电筒寻找屋内的东西也是很有趣的游戏。

冷静应对孩子的突发行为

和很小的孩子一起进行游戏，由于孩子仍无法说话，所以沟通并非一件易事。妈妈本想让孩子看到彩纸碎片从天而降的样子，但孩子却对掉在地上的更感兴趣。也许还会捡起一个捏一捏，接着突然将碎纸塞到自己的嘴里。出现这种情况时妈妈大多会立刻将孩子手中的彩纸抢过来："哎呀，怎么这样。你再这样的话就不给你玩了。"

妈妈会不知不觉地这样说。妈妈突然间变凶，孩子会吓得"哇哇"大哭。

孩子毕竟是孩子。这种突发情况在与孩子玩耍的过程中随时都可能发生。

如果你也经常会因为孩子令人无法预料的行为而生气，那么就请先冷静下来，想象一下，妈妈的这个模样会给孩子带来怎样的影响。可能在孩子的眼中，从天空撒下彩纸的天使妈妈会瞬间变成长着犄角的恶魔。

彩英儿时也玩过这种游戏。将满嘴的彩纸片吐出来，用手摆弄过来摆弄过去的。由此感知干纸片和湿纸片的不同，揉皱湿纸片可能会有一种新的触感吧。孩子会自己去发掘妈妈所不知道的乐趣，这真是一件神奇的事情。

因此不管孩子做了什么，都不要大惊小怪。妈妈要做的，就是愉快地开始游戏，再愉快地结束游戏。这需要妈妈的智慧。在孩子将彩纸片塞进嘴里的瞬间，妈妈大声地在孩子面前说："妈妈的面包真好吃啊！宝宝也尝一尝好不好？"转移其视线的同时，抠出孩子嘴里的纸，动作要像电视里的魔术师那样自然。

抢夺和无声无息拿走有着很大的区别。妈妈的一言一行都应该建立在尊重孩子的基础上。

孩子们共同成长

儿童游戏的模特儿宋妍是彩英的表妹。就像儿时的妹妹和我一样，现在是彩英和宋妍共同成长。

切忌贪心！从快乐出发！

细心培养孩子做游戏的积极性，终有一天会硕果累累。

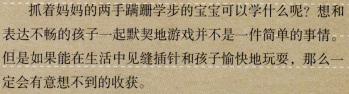

抓着妈妈的两手蹒跚学步的宝宝可以学什么呢？想和表达不畅的孩子一起默契地游戏并不是一件简单的事情。但是如果能在生活中见缝插针和孩子愉快地玩耍，那么一定会有意想不到的收获。

通过尿布莫扎特游戏认识了图形和彩纸的彩英在六个月之后就能把花花绿绿的童话书和白色的卫生纸交替摆放成莫扎特形状，这种情形让人感动不已。孩子竟然会快乐地用鼻子哼歌了！即使不会说话，孩子也会记住一些东西。

不知何时，孩子用行为表现一切。"妈妈！我很喜欢尿布莫扎特游戏，我自己也可以玩呢。"

相信孩子的潜能，正视游戏的积极效果。

制作一本孩子的启蒙之书

想必每位父母当看到孩子那纯真无邪的眼眸时，都恨不得把天上的星星摘下来给他。

此时的孩子需要一本启蒙书。一本向孩子展示多种颜色和形状的简单的书。它有助于刺激视觉，从而促进大脑发育。如果觉得只为了婴儿时期的暂时需要而买书有些不值，何不自己做一本呢？即使是那些平时觉得毫无DIY天赋或者审美感的妈妈也可以轻松完成。这并不需要有高超的技术。只要妈妈怀着一颗展现多彩世界的心情和精神，就能制作一本适合孩子的启蒙之书。孩子也会从中感受到妈妈的努力和关爱。外出的时候也可以将书挂在婴儿车上面。

①

②

③

① 将牛奶盒洗干净晾干，从侧方切开展平，其中一面贴上五颜六色的彩纸。

② 在另一面贴上黑白两色纸，将小彩球和玩偶眼睛等用胶水粘好。

③ 将启蒙书拴上绳子挂在天花板上。调整好距离以便孩子能看到启蒙之书。

第2章

我的家是美术游乐场

这是一个全家共享的乐园！
这是一个轻松没有负担的专属空间！
在这里，孩子的想象和创意得到尽情发挥。
这就是我们的家！

哈喽！这里是美术游乐场吗？

嚓嚓嚓，厨房是美味的美术料理室

体验各种材料，培养旺盛的创造力！

在这个空间中，和妈妈的感情越来越亲密，如高汤般愈加香醇。

用妈妈的真诚为孩子做一道美味的情感盛宴。

厨房美术游戏的积极效果

1. 食材便于寻找，饮食安全。
2. 玩闹之后产生的再循环用品是最好的游戏材料。可以趁机
   进行环保教育。
3. 对一件微小或者废弃的物品加以关心注意，能培养孩子的
   观察力和创造力。
4. 在"妈妈的空间"中，保持与妈妈的亲密感和纽带联系。

厨房美术游戏注意事项

1. 远离加热器或者炊具以防孩子受伤。用言语描述出来，例
   如"啊！好烫！""啊！扔东西会伤人的。"
2. 不要吃任何东西。
3. 不要浪费、乱扔食材，以免养成不良习惯。

餐桌是孩子的画板

游戏效果

　　观察各种蔬菜的样子，可以让孩子逐渐熟悉图形，提高构图能力。好好享受快乐的家庭用餐时光吧！

游戏材料

基本材料

餐桌、盘子、当日的食材、塑料面包刀、砧板、其他……

饭前的短暂时间

34

完成~

❶ 将各式各样的食材放在砧板上，让孩子自己玩耍探索。

❷ 用面包刀切食材，远离水果刀和菜刀等危险品。

❸ 将奶酪和豆腐等熟食也切成块。告诉孩子不要用接触过大葱和洋葱的手揉眼睛，否则会哗哗地流眼泪哦！

❹ 用切好的食材装饰餐桌。

 感性妈妈的经验谈 "游戏，不要从孩子开始，由妈妈结束。"

即使觉得孩子的游戏很新奇，也要让孩子自己完成，这样孩子的能力才会不断提升。与其妈妈急切地插手帮孩子完成一副很漂亮的画，不如让孩子自己动手做，即使画得歪歪斜斜很可笑，但这样更有助于孩子想象力的发育。孩子只有成为游戏的主体，才能产生成就感。妈妈呢，就成为一位慈爱的旁观者吧！或者，只做孩子游戏的搭档。

通过朴素的饭菜展开想象的翅膀

黑色的紫菜饭粒公主

游戏效果

在接触人工浆糊以前，可以体验天然材料浆糊的延展性和黏着性。假面游戏会让亲密感明显上升。

游戏材料

基本材料

紫菜、饭粒、冰箱门、喷雾器、剩余食材（鳀鱼、香菜、豆芽等）、其他……

妈妈和孩子之间如紫菜般醇正的关系

❷

❸

❹-1

❹-2

❺

❻

❶ 观察干紫菜的颜色，感受沙脆的手感，闻闻醇香的味道。

❷ 用手触摸Q弹的饭粒，感受它的黏着性。

❸ 将饭粒沾上水，在紫菜上做成脸的模样。如果饭太烫会烫伤手，因此一定要倒上凉水。

❹ 紫菜假面完成！将紫菜剪成眼睛、胡子和王冠。

❺ 将粘着饭粒的紫菜随意地贴在冰箱门上。

感性妈妈的经验谈

"使用可食性材料的时候更应当小心谨慎。"

调味过的紫菜含有过多的盐分，干紫菜会贴在孩子的嗓子里。为创造性游戏所准备的材料反而会因为妈妈的粗心大意成为危险品。材料的量要适宜，放在能看到的地方。时刻注意要使用快乐安全的材料。

用零碎的食材分享爱的对话

食材印章游戏

游戏效果

可以培养从天然物品中发现美的审美眼光。
提高颜色和模样的区分能力和裁剪、粘贴的动手能力。

游戏材料

基本材料

各种蔬菜和水果（胡萝卜、莲藕、黄瓜、橙子、彩椒等）、番茄汁、蛋黄酱、辣椒酱、大酱、厨房用纸、染料、其他……

从食材中发现美的敏锐性

❷

❸-1

❸-2

❹-1

❹-2

完成~

❶ 从冰箱中拿出蔬菜、水果等，通过五感了解它们。切菜、择菜的时候注意倾听声音，并用拟声词表达。

❷ 切蔬菜水果的时候注意形状的变化。切下的瞬间如果出现了预想不到的横截面，就发出"哇哦"、"哎呀"等感叹词来引起孩子的兴趣。

❸ 将切好的蔬菜水果的横截面蘸上番茄汁、蛋黄酱、辣酱、大酱等印在厨房用纸上。

❹ 用食材印章蘸上染料印在厨房用纸上，也可以印在白布上，要一手按着白布，这样印出来的效果才会更好。染料少放水，这样才不会晕染开来。

 感性妈妈的经验谈

"在玩耍中了解各种蔬菜，寓教于乐。"

印章游戏是各个年龄段的孩子都喜欢的游戏。切开一样东西，发现截然不同的横截面，是一件极其有趣的事情。不仅可以在白布上进行游戏，还可以在孩子的头巾、围裙和餐桌布上面玩。这种手工作品比机械成品更让人感到温暖。

用妈妈给我的胡萝卜做了一份情书礼物

动物农场游戏

游戏效果

可以体验各式各样的材料。通过穿插动作更能促进孩子手部细微动作的发育。和妈妈一起谈论成果，会提高语言表达能力。

游戏材料

基本材料

各种蔬菜和水果（香蕉、柿子、小南瓜、土豆、红薯、彩椒、萝卜、黄瓜等）、牙签、剪刀、乳胶、玩偶眼睛、砧板、水果刀、其他……

妈妈收集剩余食材的细心

①

②

土豆刺猬

③ -1

香蕉幼蛇

③ -2

柿子皮幼虫

③ -3

你们好，动物朋友！

④

彩椒橘子皮
考拉

❶ 将五颜六色的水果和蔬菜放到一起欣赏。

❷ 想着要制作的动物的样子，将土豆、红薯、香蕉、小南瓜、彩椒、黄瓜等切成相应的形状。

❸ 发挥想象力将牙签插到土豆上，贴上玩偶眼睛，一只小动物就出炉了。贴玩偶眼睛的时候一定要擦掉水。还可以利用蔬果的外皮来玩。

❹ 拿着刚做好的动物和妈妈一起编故事。

"用常见的材料培养孩子的想象力。"

孩子看到食材会产生无穷无尽的想象。看到胖胖的土豆会想到行星，看到红薯会想到鼹鼠。妈妈每天在厨房里摆弄的食材在孩子眼中却变成了另外一番世界，看着孩子们闪闪发亮的眼睛，与之互动吧。孩子会说出什么惊人之语呢？请尽情想象吧，因为孩子的思想毫无羁绊。

妈妈！动物们很异常……

　　厨房游戏所必需的材料——蔬菜和水果，在常温下难以长时间保存。时间长了状态必然会发生变化。但是当孩子看到自己精心制作的作品毁掉时，有可能会哇哇大哭。

　　彩英五岁的时候用蔬菜和水果做了些很可爱的动物，并将它们在阳台的窗边整齐地摆成一排。但是一天光景，水果皮变色干瘪，蔬菜失去水分干枯了。最终，孩子哭着说小兔子不见了。在那个瞬间，突然不知道该如何向孩子作科学的解释。思考了一会儿，我耐心地向彩英解释了大自然的变化过程，孩子虽然眼泪还挂在眼圈，但是仿佛听懂了什么，我最终安心地松了口气。

　　此后不久孩子便自行寻找出充满孩子气的答案。

　　"妈妈！爷爷奶奶长满了皱纹，因为皮肤上贴了很多豆子皮。我的小兔子也和奶奶一样，所以没关系的。它没有死。"

　　看着笑得开心的孩子，实在不忍将已经脱水的茄子蛇、变小的柿子皮兔子、倒下的长颈鹿丢弃掉，在衣架上挂了三周多。对妈妈来说，孩子令人哭笑不得的言语将会凝固成一个个幸福的瞬间。

人偶家庭集体帽子合影，咔嚓！

用水果和蔬菜皮做成的人偶帽子。萝卜帽子、柠檬帽子、胡萝卜帽子、橘皮帽子、南瓜帽子。

关于妈妈的爱心材料保存罐

　　除了美术游戏必备的纸和彩笔需要购买之外，其他材料可以用家里的各种物品替代。与买到的材料不同，在家中收集到的材料中，就连一颗颗黑豆都各有各的特性，因此为孩子独特自然的作品起到了画龙点睛的作用。

　　最重要的是，这些精心收集的材料激发了孩子的创意和想象，"要做什么呢？"这甚至成为了编织梦想的材料！

　　但是孩子对材料要求的不断增多会在某个瞬间成为妈妈沉重的负担。

　　最初，我把再循环用品放入箱子中，转眼间就成了第二个垃圾桶，再加上弃之不顾，便造成了恶性循环。后来我想到了材料保存罐。

　　将各种鱼皮、衣服上掉落的纽扣、各种商标、采集的季节性果实和小石子等分别用玻璃瓶装好，就像是自己的手工制品，充满了成就感、满足感。和孩子一起游戏，妈妈也应该享受其中。

　　需要铭记一点：不要过多收集。赏心悦目，才不会随意丢弃。

各种材料的用途

黑豆、芝麻、小豆
颜色深沉、形态浑圆，适合做动物或者人的眼睛和鼻子。

黑西瓜子、水果子
形状微小或者颜色暗沉，整齐排列做成嘴的模样，或者作为衣服的纹理。西瓜子可以用做小心谨慎或者有猫般狡猾性格的动物眼睛。

坚果类的坚硬外壳
适合表现凹凸不平的感觉，可以用做电话和日历的数字部分。

干花
花的颜色漂亮，适合用于性格温和的动物或者人的眼睛和鼻子。如果在用白色黏土做成的雪人鼻子上贴朵花，独具特色，引人眼球。

小石子
颜色温和，材质坚硬，适合做动物的腿脚，可以用做大型动物的鼻子，也可以做抓石子游戏的小石子。因为是手动游戏，所以石头的大小是成人手指甲的大小为宜。

海边的沙子、贝壳
夏季避暑地收集的泥土、沙子、贝壳被收集到瓶子中，它是一种能让孩子沉浸在旅行回忆中的理想游戏材料。当然，也可以用浆糊画画，然后将沙子扬在上面，此外还可以用贝壳制作蟹腿和大象耳朵。

鱼皮
看着孩子贴在鱼皮玻璃瓶上的标签是多么的真诚和可爱。即使什么都不做，对于妈妈来说，孩子的字就是一幅画。

制作果皮风铃

游戏效果

培养均衡感和造型感。

游戏材料

基本材料

各种水果、水果刀、透明胶带、铅
笔、衣架、彩绳、彩纸、剪刀、其
他……

游戏附加材料

橘皮、玩偶眼睛

❶

❷

❸

❹

❺

❻

完成~

❶ 将各种水果收集起来闻闻它们的香气，香气决定心情的好坏。

❷ 削水果皮，注意不要将果皮削断。

❸ 观察水果的横截面和果皮，和最初的模样作比较，看看有何区别。

❹ 在果皮上戳洞穿绳或者用透明胶带粘住绳子。戳洞的时候利用铅笔，粘透明胶带注意不要有水。

❺ 将绳子挂在衣架上，用手拎着找到重心，然后将最重的果皮挂在下面。

❻ 将彩纸剪成各种形状作为装饰，注意不要让衣架划破衣服或者皮肤。

感性妈妈的经验谈

"就算是废弃物，也要让孩子感到爱。"

果皮经常被当做垃圾扔掉，而将垃圾重新找回来的情况极少发生。但是如果孩子学着闻水果的香气、亲手削皮，试着用长长的苹果皮或者橘子皮做成风铃，那么即使是废弃物也会因为独特的视角而变得与众不同。

还可以这样玩！

利用橘子艳黄的色感和凹凸不平的触感展开想象的翅膀吧。如果将水果皮和水果子合理摆放，就会在转眼间完成一件优秀的作品。

学习图形的基础
面条表演

游戏效果

利于认知点、线、面和基础图形，亲眼看到物质由硬变软的过程，通过扔、撒等动作消除孩子的压力。

❶ 在整张纸上摆上干面条尽情玩耍。注意不要让面条戳伤眼睛。

❷ 将煮好的面条和干面条整齐地摆放在一起，通过这个过程观察面条的状态有何变化。煮好的面条如果失去了水分就会粘在手上，因此最好轻轻抹上一层油。

❸ 比较直线和曲线的差异。切断面条摆出圆形、三角形、四边形等基础图形。

❹ 利用面条、草莓柿子、油性笔在彩纸上摆出小火车形状。也可以利用整张纸、彩纸、面条和胶水做出一只章鱼。

游戏材料

基本材料

整张纸、面条、油、草莓柿子、彩纸、剪刀、胶水、油性笔、其他……

妈妈从食材中发现美术、科学原理的敏锐眼光

❶ -1

❶ -2

❷

❸

❹ -1

❹ -2

感性妈妈的经验谈

"活动量大且令人振奋的美术游戏，一定要有准备活动！"

孩子看到新鲜的材料会很兴奋。尤其在研究陌生材料的时候更是如此。正是由于兴奋的情绪难以平静，因此在活动量大的游戏进行之前，要先从培养注意力的安静游戏开始准备，这样会事半功倍。

即使摸摸心情也会变好

淘气鬼面粉游戏

游戏材料

基本材料

大型容器、面粉、宽塑料布、喷雾器、蔬菜汁或者果汁（胡萝卜、番茄、葡萄、橙子等）、蜂蜜或者糖稀、黑色画纸、其他……

即使将面粉抹在脸上也会笑得灿烂的淘气妈妈

① ② ③

④ ⑤ ⑥

⑦-1 ⑦-2

从天空飘落下的面粉与水邂逅，一团一团，是变成了白云吗？

游戏效果

挥撒、抚摸易于掌控的材料会有一种成就感，除此之外还能够自然而然地认识到粉状物是构成块状物的基础。就像妈妈的爱一样，棉柔的触感会让孩子心情大好。

① 将面粉装入大型容器中，先用眼睛观察，然后左右摇动容器，看一看闻一闻，以各种方式观察面粉。

② 用手尽情地触摸面粉。

③ 将塑料布铺在地板上，撒上面粉。也可以利用筛子或者漏斗。

④ 用喷雾器喷水，看着面粉聚成一团。

⑤ 将蔬菜汁或者果汁倒入面粉中。

⑥ 尽情搅拌，揉成一团。可以用脚踩下去，"啊，好凉！"发挥想象力会更加有趣。

⑦ 先用蜂蜜或者糖稀在黑色纸上画出图案。然后在上面均匀撒上面粉再抖一抖，一幅糖稀画就完成了。

感性妈妈的经验谈

"游戏材料就在我们身边。"

有时候会觉得寻找游戏所需的材料是件很烦人的事情。也许有的妈妈疲于准备材料而放弃了游戏。这个时候不要太悲观，如果没有面粉，咖啡粉、淀粉也不错。不溶于水的淀粉有一种滑腻腻的触感，别有一番乐趣，比起遇水就黏在一起的面粉更加方便。只要妈妈有一个全新的视角和一点点的冒险心理，就可以发现周围闪闪发光的材料。

伶俐厨师游戏

面团兔子

绿茶小熊

游戏效果

　　不仅可以促进整个手部的肌肉发育，还有助于提高手指功能。通过将面团捏成想要的模样提高孩子的注意力、丰富孩子的想象力。通过角色游戏逐渐接近大人们的世界。

游戏材料

基本材料

大型容器、面粉、水、精盐、蔬菜汁或者果汁、砧板、擀面杖、模具、吃剩的零食（糖果、果冻、巧克力、坚果等）、盘子或者碟子、其他……

与孩子一同游戏的妈妈

❶

❷

❸-1

❸-2

❹

❺

❶ 将适量面粉倒入大型容器中，放入水和盐进行搅拌。

❷ 将蔬菜汁和果汁倒入揉搓，使面着色。此时要一点点地倒水，调整好面团的黏度。

❸ 将面团放在砧板上，用擀面杖和模具做出想要的形状。请让孩子尽情想象、尽兴玩耍。

❹ 用吃剩的零食装饰面团。

❺ 将作品放在碗里或者盘子中，完成！

感性妈妈的经验谈

"拥有了吃作品的新鲜体验。"

　　面团不仅安全，还能节省购买黏土的费用，因此是上好的材料。相反，缺点是时间长了会发霉腐烂。我和彩英一起制作的小兔子也长满了灰灰的一层霉菌。此时如果在面中揉入盐就会防止腐烂。另外，如果用烤箱、煎锅、微波炉等将完成的作品烤熟，不仅可以保留颜色，还可以吃掉。吃掉用食材完成的作品，才算是真正完成了厨师游戏。妈妈只需稍加留心，就能使游戏趣味盎然。

即使只有材料，也会人气爆发

面包爸爸和饼干妈妈

游戏效果

即使只有材料，也可以人气大爆发！孩子们会非常非常的喜欢。不要光顾着吃饼干，试着仔细观察，这样可以提高孩子的自我表现力。

游戏材料

基本材料

碟子、饼干、面包、煮鸡蛋、草莓柿子、萝卜苗、蜂蜜、番茄酱、蛋黄酱、砧板、其他……

允许孩子吃零食的母爱之心

①-1

①-2

②

③-1

③-2

甜蜜的妈妈味道

爸爸　妈妈

④

❶ 将饼干放在砧板上，按模样、大小、材质、颜色分类。将两片面包摆好，准备好其他材料。

❷ 想着妈妈爸爸的模样，在眼睛、鼻子、嘴巴的相应位置上摆放材料，然后在面包上抹上蜂蜜、番茄汁或者蛋黄酱粘住材料。

❸ 将完成的面包脸放在砧板上，贴好标签之后比较爸爸妈妈的脸部特征，并进行角色游戏。也可以尝尝味道哦！

❹ 试着做出爸爸妈妈其他的模样。可以体验同样的材料所呈现出的不同结果。

感性妈妈的经验谈

"孩子在游戏中认识父母、表露情感。"

小孩子只是无法用语言表达或者行为不熟练，但他们同样拥有喜欢、讨厌、爱等所有情感。天真无邪的孩子们在游戏中表露自己的心声。

彩英会在妈妈生气的脸上放红色的西红柿，会在经常表扬自己的温柔爸爸的嘴边粘上自己最喜欢的糖果。虽然看到后会有点郁闷，但仍会及时反省。仔细观察一下孩子的作品，那里面藏着孩子的心声。

水中的变色龙

游戏效果

可以体验独特材料的质感，而成果会使成就感倍生。想象着大海，会丰富想象力和情感。善加利用生活中的材料，学习妈妈的精打细算。

游戏材料

基本材料

各种贝壳、变色龙照片、卫生纸筒、剪子、乳胶或胶枪，烹饪箔纸芯，玩偶眼睛、其他……

憧憬大海的感性、收集材料的精明之手

游戏附加材料

厚纸箱子

❶

❷

❸

❹

❺

❻

❼

完成~

❶ 拿出贝壳感受其味道、质感、声音、模样。看着变色龙的照片构思制作过程。

❷ 沿着卫生纸筒筒壁将其裁成两半，做成变色龙的腿。

❸ 用乳胶或胶枪将纸筒斜粘在烹饪箔纸芯上面。小心不要被热胶烫到！一定要小心哦！请妈妈帮助孩子一起完成。

❹ 在蟹壳上面粘好贝壳和玩偶眼睛，做成变色龙的脸。

❺ 用乳胶或胶枪慢慢将大的贝壳粘在烹饪箔纸芯上。

❻ 将烹饪箔纸剪成长条，牢牢地卷实。小心不要伤到手。

❼ 将卷好的箔纸做成尾巴。

感性妈妈的经验谈

"只要有心，何时何地都可以收集到游戏材料。"

不必为了游戏准备各种各样的贝壳。我曾经偶然从饭店得到了一大堆将要被扔进垃圾桶的红蛤壳。用免费得到的丰盛材料和孩子一同制作动物，岂不是一举两得！

我也是变色龙

嘿嘿嘿，更可怕！

还可以这样玩！

剪开厚纸箱子，用贝壳做成眼睛、鼻子、嘴巴，来玩假面游戏吧。

谷物星座游戏

游戏效果

　　摆弄小东西可以培养手脚的协调能力，提高注意力、集中力。和妈妈一起躺在床上，感觉夜空的寂静，同时我们得到的是丰富的情感和安稳的情绪。

游戏材料

基本材料

包装纸或者整张纸、各种谷物、彩笔、透明胶带或者乳胶、油性笔、不干胶标签、彩绳或者毛线、卫生纸、手电筒、其他……

妈妈如星星般闪光的心灵

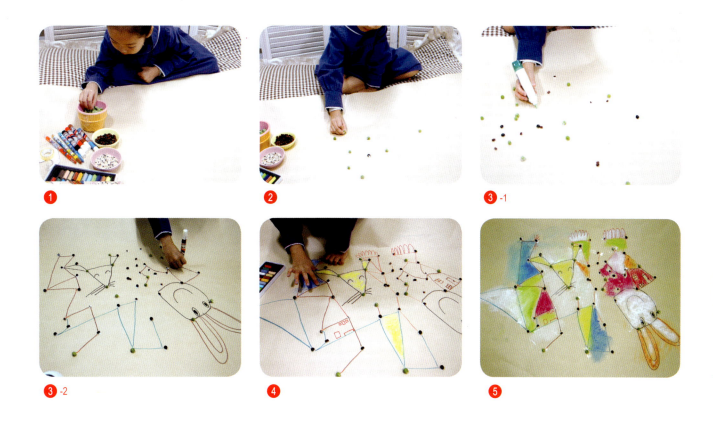

① 将包装纸或者整张纸铺好并准备好谷物和美术材料，注意不要将谷物弄得到处都是。如果使用包装纸和彩笔，那种若隐若现的效果会更好。

② 将谷物放在指定的位置上，或者将谷粒咕噜噜滚动停下的地方当做星座也很有趣。

③ 用透明胶带或者乳胶将谷物粘在纸上。用油性笔将点与点用线连起来。也可以用彩绳或毛线、不干胶标签代替线和谷物。妈妈要向孩子说明什么是点与线。

④ 用彩笔涂满每个平面，也可以用手或者卫生纸涂抹。

⑤ 将做好的星座贴在墙上。躺在床上打开手电筒，让我们一起来寻找星座吧。

感性妈妈的经验谈

"配合孩子游戏要比严格遵守游戏的程序更重要。"

游戏的顺序会根据具体环境和情况的变化而变化，所以发挥我们的灵活机动性吧。彩英经常把粘好的谷物碰掉，然后缠着大人重新粘回去，故而很难进行到下一个阶段。可以用宽透明胶带粘住谷物，然后温柔地告诉孩子："因为星星经常从天上掉下来，所以衣服都穿得厚厚的。"然后"我也要穿得厚厚的"，将透明胶带缠住自己的脸逗趣。不要忘记，游戏的目的就是为了让妈妈和孩子愉快起来。

卫生手套人偶剧游戏

游戏效果

孩子通过人偶和妈妈对话，提高了语言构词力和想象力，从而寻找到最适合自我表达的方法。通过使用简单易操作的材料来提高孩子的创意。

游戏材料

基本材料

卫生手套、油性笔、手纸、蜡笔、报纸、其他……

妈妈引导孩子情感的不懈努力

❶

❷

❸

❹-1

❹-2

❺

感性妈妈的经验谈

"人偶剧游戏提供了一个解读孩子内心世界的机会。"

随着孩子想象力的发育，其语言构词能力也在不断提高。他们喜欢沉浸在自己臆想的游戏中，模仿爸爸妈妈平时的言行习惯。人偶就成了愉快对话的一种手段，让我们试着通过人偶剧游戏和孩子分享内心世界吧。通过孩子，妈妈也可以重新找回那遗忘已久的回忆。

❶ 触摸卫生手套，试着套上或者吹气。小心吹气过多会突然爆开！也可以利用缩水的手套和孩子的袜子。

❷ 将卫生手套压扁之后，在手掌和手指的部分画上人偶的脸。妈妈可以从旁引导孩子画出各种各样的脸。

❸ 将手纸团成一团塞进手套的指头部分。

❹ 将蜡笔涂在报纸上，然后在其上面滚动手纸，这样手纸就会很容易地染上颜色，将这些手纸也塞进卫生手套里。

❺ 将完成好的人偶手套戴在手上，和妈妈一起玩人偶剧游戏吧。

特色材料所赋予的想象力

绿色洗碗刷毛躁魔女

游戏效果

孩子会逐渐理解妈妈做家务活的辛苦。经历着将平凡材料转化为特殊作品的过程，提高了孩子的想象力和创造力。

毛躁魔女

游戏材料

基本材料

各种洗碗刷、图画纸、水、染料、饮料瓶、大瓶盖、油性笔、人偶眼睛、彩色小球（豆子、大枣、不干胶标签等）、牙签、木筷、乳胶或胶枪、剪刀、单面纸、其他……

找到深藏的东西并予以肯定的称赞

①

②

③

④

⑤

⑥

⑦-1

⑦-2

感性妈妈的经验谈

"制作游戏可以引起孩子的共鸣。"

在材料的准备和制作过程中，妈妈和孩子变成了朋友。孩子发现了一位能倾听自己心声的妈妈。对于自己千辛万苦做出来的作品，孩子倾注了大量的心血，请不要对此视而不见。因为孩子正在不断地、全身心地与自己创造出来的想象实体沟通。请尊重孩子的游戏和作品。

① 体验家里多种洗碗刷的质感，并说出自己的感觉。将洗碗刷浸在染料里，试着印在图画纸上。

② 在饮料瓶中装满水，滴入黑色染料，做成躯干。如果再重新混入其他颜色的染料晃一晃，就如同魔女在换衣服一样。

③ 将拉长的钢丝洗碗刷做成魔女蓬松的卷发。

④ 将人偶眼睛和鼻子用乳胶或胶枪粘在瓶盖上做成脸。也可以利用豆子、大枣和不干胶标签等。

⑤ 将草绿色的洗碗巾像斗篷一样围在饮料瓶上，用乳胶或胶枪固定。

⑥ 在斗篷上面插上牙签做成胳膊。

⑦ 将单面纸剪成条状卷起来，粘在木筷上做成扫帚。

咚咚咚，客厅是愉快的创意乐园

活用空间，培养孩子的主动性！
游戏空间越大，想象力和勇气就越倍增，
大肌肉群明显发育，身心得到锻炼。

在客厅玩美术游戏的益处

1. 在孩子看来，客厅是家里最轻松、最宽敞的空间，有助于培养孩子明朗的性格和积极的活力。
2. 可以活动到大肌肉群和全身，可以消除紧张感和压力。
3. 全家人都可以看到孩子的活动，增进了相互交流和互动。
4. 可以在客厅中央或者一边的墙上展示孩子的美术作品。将孩子的作品镶上框儿和名画挂在一起。

在客厅游戏时的注意事项

1. 不要在公寓的客厅里用力跳或者大声说话。
2. 避免剧烈的身体活动导致跌倒或撞伤。
3. 孩子在客厅做美术游戏的时候，请全家人予以关注。
4. 如果孩子看到你躺在身边看电视或者长时间讲话，就会感到自己被疏远，导致注意力分散。

彩笔音乐鉴赏游戏

游戏效果

粗细不一的彩笔不仅呈现出缤纷的颜色，还带来全新的工具体验。有助于缓解紧张和主动性发育。让孩子自由地挥洒线条，让压力和畏惧消失得无影无踪。

游戏材料

基本材料

蜡笔、透明胶带、大张纸、音乐CD（明显感觉到季节的音乐、节奏欢快的音乐）、长尺、其他……

一起听、一起唱，妈妈充满童心的噪音

游戏附加材料

喷雾器、彩色粉笔、大型纸箱子

❶ 将蜡笔分成红、黄、蓝三原色和喜欢的颜色，然后用透明胶带缠起来。

❷ 用缠好的蜡笔和着音乐的旋律在整张纸上随心所欲地画画。

❸ 和妈妈一起唱歌，摇摆全身。

❹ 将缠好的蜡笔绑在尺子或者长棍上，站起来画画。

❺ 引导孩子画得更大更圆，压力可能一下子就消失不见了。

感性妈妈的经验谈 "孩子的涂鸦是本能的要求！是心灵的另一种表达。"

涂鸦可以说是最能让孩子感到自由的美术课程。这是因为没有勉强和比较，可以完整地表达自己的想法。给孩子各种新工具，让其自由发挥。在孩子涂鸦的时候，妈妈尽量不要提问。因为，这个时刻蕴含着孩子无法用语言表达的所有情感。

还可以这样玩！

1. 用喷雾器将整张纸喷湿，用彩色粉笔自由涂鸦。根据素材和方法的不同，还可以培养孩子的创意。

2. 在大纸箱子上贴一张纸，集合全家人，大家一起涂鸦。

图形乐园

游戏效果

用彩线来划分空间，提高孩子对图形的好奇心和空间感。想象的范围从平面扩大到空间。

游戏材料

基本材料

圆形不干胶标签、彩线、剪刀、彩纸、图画纸、其他……

向孩子开放整个空间的宽容

① ② ③-1 ③-2 ④ ⑤

❶ 将不干胶标签贴在纸上或者脸上，展开关于图形的话题。不要乱贴在家具或者地板上。

❷ 就像翻花绳游戏一样，和妈妈用彩线翻出各种图形。轻拉起一根线再放开，"啪"的一声，我们可以看到柔软的曲线形态。

❸ 将毛线拴在厚重的家具腿上来制造图形。最开始的时候将绳子牢牢地打个结，之后就可以随意交叉。随机出现了各种图形之后再将绳子打结系牢。

❹ 在绳子图形的下方放上同样图形的彩纸。比较平面（彩纸）和立体（绳子图形）。

❺ 找到图形之后跨入绳子之间。小心不要被绳子绊倒。

还可以这样玩！

利用房门把手、墙上的钉子等，将绳子高高低低地连接起来，整个客厅就变成了图形乐园。用彩线为孩子创造一个神秘的空间。如果利用阳光，那么绳子的影子会让游戏更显神秘。

边学边玩

报纸表演

游戏效果

学习基础的手部动作，例如展开报纸、叠报纸、撕报纸、粘报纸等。消除孩子的压力和紧张，妈妈的心情也得以放松。

游戏材料

基本材料
报纸、胶水、彩纸、烹饪箔纸、剪刀、其他……

游戏附加材料
透明胶带、纸箱子

58

① 展开报纸，将其撕开揉成一团。

② 将报纸折成帽子。

③ 将撕好的报纸用胶水粘在报纸帽子的边缘。

④ 将彩纸或者闪光的烹饪箔纸贴在上面作装饰。

⑤ 将报纸卷起来做成刀。戴上帽子、挥舞着宝剑，一起来玩将军游戏吧。

还可以这样玩！

1. 将报纸揉成一团后用透明胶带缠起来做成一个球。来玩"进球游戏"吧，试着把球扔进纸箱子中。

2. 将报纸撕成长条，一条接一条地摆放在地板上做成道路。

彩色盐游戏

游戏效果

培养审美情趣，提高对颜色的鉴赏能力。见证事物形态转变的过程，激发孩子的科学探索兴趣。

游戏材料

基本材料

粗盐、面粉、宽塑料布、颜料、文具刀、透明玻璃瓶、盛满水的水盆、毛巾、油性笔、其他……

妈妈如粗盐般饱满的热情

游戏附加材料

透明的鸡蛋托盘

① 通过品尝粗盐、触摸粗盐、捣碎盐粒等动作来探索材料。

② 将塑料布铺在地板上，将面粉和粗盐小心地倒在上面。

③ 首先在塑料布一端准备好毛巾和盛满水的水盆，光着脚踩在盐上。

④ 在盐路上再铺一层塑料，踩着发出"咯吱咯吱"的声音才会有趣。

⑤ 将粗盐收集起来，用文具刀将颜料削成粉末状。用手将颜料粉和粗盐混在一起，晕染出漂亮的颜色。

⑥ 用手指在彩盐上画画。

⑦ 将粗盐按颜色放入透明的玻璃瓶中。

⑧ 用油性笔在玻璃瓶上画出小鸟，一只彩虹鸟大功告成！

完成~

感性妈妈的经验谈

"和孩子一起完成的美术作品会成为一个优秀的生活小物件。"

这曾是彩英最喜欢玩的游戏之一，她舍不得将漂亮的彩盐丢掉，所以放入空玻璃瓶中存放。各种各样的颜色放在不同的瓶子中，竟然可以与装饰品相媲美。可以用母子共同完成的美术作品来装饰我们的家，游戏过程和欣赏同样有趣。

还可以这样玩！

将彩盐放入透明的鸡蛋托盘中冷冻，一个别具特色的作品就诞生了。

创造只属于孩子的空间

客厅洞穴蝙蝠游戏

游戏效果

活动全身的游戏，可以缓解身体的紧张。学会利用专属空间，培养主动性。全家总动员，笑声震翻天。

游戏材料

基本材料

各种毛线、棉线、报纸、烹饪箔纸、透明胶带、剪刀、图钉、包袱皮、夹子、黑色彩笔或者木炭、发卡、立体太阳镜、手电筒、其他……

全家人整装待发，开始洞穴探险之旅

①

②

③-1

③-2

④

⑤

① 将报纸撕成若干长条。

② 将烹饪箔纸卷成长短不一的长条，做成貌似冰凌的钟乳石。下端捻成尖儿，上端轻压。

③ 将报纸悬挂在客厅一角的天花板上，用透明胶带和图钉粘牢，同时也将烹饪箔纸粘在绳子上。挂满蜘蛛网的洞穴就完成了！

④ 此时是变身为蝙蝠的时刻！将烹饪箔纸粘在发卡上做成角，用彩笔和木炭稍作化妆。披上金黄色的包袱皮披风，用夹子固定。

⑤ 戴上立体太阳镜会更加有趣。关上灯用手电筒照明，全家人开心地进行洞穴探险游戏。

感性妈妈的经验谈

"孩子在完全自由的时间和空间中体验独特。"

很多妈妈会担心这个游戏有可能会把家里弄得乱七八糟的。但实际上并没有那么杂乱无章、一片狼藉，乍一看反而像艺术家的家。我和彩英玩了一个星期的客厅洞穴游戏。晚上手电筒灯光的照射使得家里仿佛一个幽灵城堡。全家人的特别体验，不必舍近求远。

双人溜冰游戏

游戏效果

缓解紧张和消除压力，净化心灵。

跟小伙伴一起玩耍有助于孩子社会性的发育。和朋友在规定的空间内玩耍，使孩子了解让步和协作的必要性。

游戏材料

基本材料

牛奶盒、打孔器、鞋带或者包装用彩带、彩纸、剪刀、胶水、报纸、30~50cm尺子、油性笔、宽胶带、丙烯颜料、水彩颜料、整张纸、聚酯薄膜、喷雾器、其他……

妈妈理解孩子狂欢时刻的体贴

游戏附加材料

妈妈的鞋套或者袜套

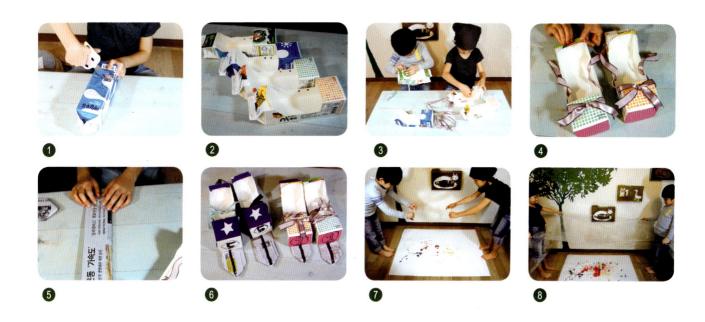

❶ 将空牛奶盒剪开，大小以脚能伸进去为宜。

❷ 用打孔器在脚背中央的两侧各打两个孔。

❸ 从上面的孔中穿过线，打个活结。

❹ 在材质上画出喜欢的图画，剪下来贴在牛奶盒鞋子上。

❺ 将报纸叠成长条，一端折成冰刀的尖头模样，然后用油性笔在中间画一条长线。

❻ 将报纸冰刀用宽胶带牢牢地缠在牛奶盒鞋底。将30~50cm尺子夹在报纸中会更坚固。

❼ 在整张纸上撒满颜料，用喷雾器喷上水。

❽ 用宽聚酯薄膜盖在上面。为了防止颜料外泄，聚酯薄膜的尺寸要大于整张纸。艺术家的溜冰场就完成了。

❾ 像选手一样，穿上牛奶盒溜冰鞋站在聚酯薄膜上面溜冰。也可以将手套在牛奶盒里慢慢地爬行。

 感性妈妈的经验谈

"邀请同龄小朋友一起来玩游戏。这样最有利于社会性的发育。"

孩子们一起玩会增进彼此的感情。尤其是这种动作幅度大的游戏必须和同龄小朋友一起配合。游戏搭档由爸爸妈妈变成了小伙伴。通过此游戏培养协作意识、学会共享。

还可以这样玩！

穿上妈妈的鞋套或者袜套在聚酯薄膜上面玩耍同样乐趣无穷。注意不要跌倒哦！

遇难船冒险游戏

游戏效果

　　难得一见的大型游戏材料可以刺激孩子的好奇心和想象力，培养孩子的胆量。如果妈妈能通过这个惊奇的游戏来保持家庭和睦的气氛，那么你就是人气王！

游戏材料

基本材料

大型纸箱子、文具刀、剪刀、宽胶带、整张纸、油性笔、烹饪箔纸芯、纸碟、胶水、树叶、树枝、纸箱碎片、颜料、薄褥子、其他……

全家的冒险心和勇气

②

③

④

⑤

⑥

来吧！出发啦~

❶ 拆开两三个大纸箱子平铺在地上。箱子的边缘易划伤手，要慢慢地拆开。

❷ 用宽胶带将箱子连接起来，做成船的模样。

❸ 在整张纸上画出象征全家人的图画，贴在纸箱子上做成船帆。也可以用袜子或者小体恤衫代替。使用厚纸板或者烹饪箔纸芯等做成桅杆。

❹ 用画上图案的纸碟子或者彩纸装饰小船，也可以使用有花纹的胶带。

❺ 将纸箱碎片粘在长长的树枝上做成橹。

❻ 变身成为勇闯亚马逊丛林的战士吧！

❼ 铺上薄褥子，小船就做好了。踏进小船，爸爸一把抓住褥子向前拉。此时需要的，是全家的关爱和爸爸的力量！

感性妈妈的经验谈

"细心观察淘气的孩子，游戏点子就会层出不穷。"

即使仅有一个纸箱子，孩子也能展开想象的翅膀。有一次，彩英推着箱子玩，不小心把箱子弄坏了，看到这个情景我就想到了这个游戏。从一次小小的玩乐中找到灵感，这种满足感至今难忘。

哈哈，小魔女的魔法扫帚

游戏效果

和妈妈一起翱翔在想象的世界中。
学会色彩的搭配。

游戏材料

基本材料

黑色彩纸、剪刀、透明胶带、彩色胶
带、不干胶标签、修正液、油性笔、
窗贴胶、包装纸芯或者坚硬的报纸
卷、坏掉的雨伞或者树棍、包装网套
(水果包装材料)、透明的塑料雨伞、玻
璃瓶、颜料、毛笔、爸爸的鞋子、其
他……

**和孩子一起向冒险世界出
发的想象力**

③

④-1

④-2

⑤-1

⑤-2

⑥

⑦

赐给我飞天的力量吧！

⑧

① 将一张黑纸卷成圆锥状，用透明胶带固定。

② 再用另一张纸剪成圆形，在圆形中心画出一个圆（要稍微比圆锥底部的直径小一些）剪下来，得到一个环形。

③ 将圆锥形彩纸和环形彩纸用透明胶带粘连在一起。然后用修正液和不干胶标签装饰一下，一个魔女帽子就大功告成啦！

④ 用烹饪箔纸将包装纸芯卷起来牢牢地压紧。将烹饪箔纸折成月亮、星星、太阳的样子粘在芯上。魔女的魔法杖也新鲜出炉啦！

⑤ 将雨伞用彩色胶带缠紧，将报纸均匀裁成一定宽度的长条，一层层粘在雨伞尾端。插上包装网套作为装饰，魔女的魔法扫帚问世啦！

⑥ 用油性笔和修正液在透明的雨伞上作画，

力度要轻以防戳漏雨伞。窗贴胶虽然浓稠有光泽，但是干了极易脱落，如果要使用必须用透明胶带粘住。魔女的雨伞也完成啦！

⑦ 玻璃瓶装满水滴入颜料做成魔法药。可以体验红蓝两色混合成紫色的过程。各种颜色混在一起就变成了黑色。

⑧ 利用做好的各种魔法道具来开始魔女游戏吧！穿上爸爸的鞋子骑着魔法扫帚飞翔吧！

开心的乱打游戏

游戏效果

提高观察事物的能力。
充满韵律的游戏有助于净化心灵。
了解到每件东西都会发出不同的声音。

游戏材料

基本材料

可以充作乐器的物品（白铁桶、锅、脸盆）、
包装网套(水果包装材料)、油性笔、饮料瓶、
酸奶瓶、谷物、剪刀、透明胶带、各种纸张
（购物袋、包装纸、饼干袋、彩纸等）、广告
纸或者报纸、牙签、油彩、不干胶标签、炊具
（勺子、筷子等）、其他……

和着乐器声轻轻地哼唱

❶ 准备好打击用物品（白铁桶或锅等），将其翻过来便于敲打。

❷ 利用漏斗将谷物装入饮料瓶中盖上盖子。漏斗也是用饮料瓶剪成的。

❸ 在包装网套上穿个窟窿套在饮料瓶上，再用油性笔画上装饰。

❹ 将两个酸奶瓶口相对，用胶带缠起来，另一端用烹饪箔纸粘好后再贴上不干胶标签作为装饰。一个沙筒乐器就做好啦！

❺ 将彩纸剪成各种形状装饰准备好的打击用物品。

❻ 将广告纸按照孩子的头围卷起来用胶带固定。每两个牙签粘成一个三角形模样，每个尖端都用不干胶标签固定后粘在报纸上，一个印第安头饰就做好了。

❼ 带上印第安头饰、在脸上抹上油彩或者贴上不干胶标签。

❽ 用炊具和着节奏助兴。摇摆着、敲打着、歌唱着，我们一起踏上音乐的旅程吧。声音会随着方向和手的力度的不同而千变万化。

艺术家的衣服晾晒

游戏材料

基本材料

晾晒衣物、晒衣架、晾衣夹、其他……

从家务中发现游戏的新鲜创意

①

②

③-1

③-2

④

⑤

游戏效果

不经意间了解了颜色和造型要素。
让妈妈的家务活充满微笑。
利用晾衣夹来帮助手部肌肉发育。

① 将要洗的衣物放在一起，"今天谁的衣服最多呢？这是谁的衣服呢？有什么颜色？"通过这样的问话来刺激孩子的好奇心。

② 将衣物挂在晒衣架上。

③ 看到有条纹的衣服时，介绍颜色、条纹间隔、感觉等。

④ 找到红黄蓝三原色问："色彩世界的国王是谁呢？"找到红黄蓝绿紫五原色问："国王的朋友们都有谁呢？"让孩子学会区分各种色彩。

⑤ 用晒干的衣物扮成动物或人的有趣模样。

感性妈妈的经验谈 "游戏来源于生活。"

很多妈妈想不到晾衣服过程中隐藏的美术教育吧？与这么好的游戏素材失之交臂，何等可惜？试着将反复性的晾衣服变成家庭游戏。那架小小的晒衣架，就是全家人的缩影。

还可以这样玩！

1. 让孩子站在晾晒的衣物前面闭上眼睛用手触摸，试问"哪个是爸爸的衣服？哪个是妈妈的衣服？"通过这样的游戏提高孩子手指的敏感度。

2. "现在摸的衣服是什么颜色的？""上面画着什么图案呢？"引导孩子在快乐中提高自己的记忆力和想象力。

醇香甜美的饼干屋

游戏效果

与书亲近，和多彩世界进行交流。堆积材料可以产生成就感。

游戏材料

基本材料

大型纸箱子、泡沫板、箱子碎片、油性笔、彩笔、文具刀、剪刀、饼干、糖稀、乳胶或胶枪、彩纸、透明胶带、童话书、其他……

亲切地向孩子介绍其一生的朋友——书

❶

❷

❸

❹

❺

❻

 感性妈妈的经验谈

"让孩子在专属的特别空间里自然地接触书籍。"

童话《韩塞尔与葛雷特》中的饼干屋在现实世界中重现了！好奇心旺盛的孩子们会将饼干掰下来细细地嚼着，完全沉浸在书的世界中。不需要装饰得绚烂辉煌，只要一想到是自己专属的房子，孩子马上就会小宇宙爆发、快乐起来。

❼

❶ 准备好自己喜欢的饼干和蜂蜜、大型纸箱子、童话书等，和妈妈讨论该建什么样的房子。

❷ 将纸箱子侧放，口朝侧开。用纸箱碎片做成屋顶，将泡沫板裁成门。

❸ 制作动画之家的显示板。

❹ 在饼干上面淋上糖稀，制作饼干墙。如果忍不住想吃就稍稍尝尝味道，但不能全部吃光哦。

❺ 在墙壁和门上贴上饼干和彩纸，用图画装饰。小心巧克力会融化。可以使用节日供奉的各种饼干。

❻ 用童话书在地板上铺成地毯或者砌成墙。

❼ 成为童话书中的主人公。

巨型气球鱼游戏

游戏效果

吹气球可以锻炼肺活量。看到妈妈鱼和宝宝鱼一起行动，可以稳定情绪。

游戏材料

基本材料

彩色气球、洗衣用防尘塑料袋、透明胶带、眼睛状不干胶、油性笔、包装纸、剪刀、铅笔、丙烯颜料、毛笔、水桶、其他……

气球般温暖的妈妈以及妈妈的创意

游戏附加材料

长木杆

❶ 吹气球。

❷ 将气球放在洗衣用防尘塑料袋中，或者用油性笔画出图案。

❸ 用眼睛形不干胶或者油性笔画出鱼眼睛。

❹ 将适量的丙烯颜料混入水中。丙烯颜料具有色彩缤纷、干得快等特点。

❺ 用包装纸叠成一个三角形，将底边处剪成长条并用铅笔上卷做成尾鳍。拇指稍微用力一拉，纸便卷成了螺旋状。

❻ 将做好的尾鳍用胶带粘在躯干上，作品就完成了！

❼ 再用吹得小一点的气球做成小鱼儿。趴在鱼妈妈背上好可爱！

感性妈妈的经验谈

"参与到孩子的游戏中来，妈妈的心情也会变得开朗。"

载着孩子的梦想冉冉升空的气球，其中也饱含着妈妈的希望。孩子的情绪也会传染给妈妈，孩子的幸福就是妈妈的幸福。

还可以这样玩！

1. 给气球充气，抓在手里把玩。举着气球呼叫着在屋子里飞行。此时大声地喊出孩子平时害怕畏惧的东西的名字！这些东西，将会和快速飞行的气球一起消失得无影无踪。

2. 将长木杆粘在气球鱼的前面，孩子可以拿着玩。

双胞胎魔术师游戏

游戏效果

通过观察自己的身体和行为，可以形成正面的自我认识。

通过积极的动作来消除压力。

游戏材料

基本材料

全身镜、整张纸、签字笔或者油性笔、彩笔、玩具或者生活用品、颜料、筛子、毛笔、牙刷、蜡笔、孩子的衣服和首饰、爸爸妈妈的用品、透明胶带，其他……

妈妈的童心以及妈妈的创意

游戏附加材料

剪刀、镜子

❶ 让孩子站在全身镜前，仔细观察自己从头到脚的模样、位置以及颜色。

❷ 躺在纸上摆好姿势。

❸ 妈妈沿着孩子的身体曲线画好轮廓。出乎意料的是，有些孩子害怕甚至快要哭出来了。妈妈可以轻轻地搔痒或者拍抚孩子以缓解他们的紧张，让孩子认识到这是一种很愉快的游戏。

❹ 将玩具或者生活用品放在轮廓上面，用筛子在周边撒上颜料。

❺ 用牙刷蘸上颜料，用手轻刮刷毛使颜料喷溅在纸上，模样就更形象了。

❻ 将喷溅了颜料的模具轻轻拿起确认一下模样。

❼ 用蜡笔涂抹大面积色块，也可以滴落颜料用吸管将其吹开，注意不要倒吸进嘴里。

❽ 用签字笔、油性笔、彩笔等画上衣服的纹路。先画纹路线条会变得不清晰，因此首先用蜡笔上色。

❾ 将完成的模仿图粘在墙上，模仿着做出相同的动作，也可以用其他动作连接。

❿ 贴上孩子的衣服和首饰，也可以换衣服。泳装和潜水镜、妈妈的内衣和围裙、爸爸的领带等特殊用品都可以利用起来。

还可以这样玩！

1. 将完成的纸质双胞胎穿孔用剪子裁下来。将其贴在墙壁或者全身镜上，来一场特别的体验吧。

2. 将若干整张纸铺在地上，临摹出连续的动作剪下后粘在墙上。将孩子的动作临摹图充满房子的每个角落。

手脚并用的大脑锻炼

游戏效果

全身参与的有节奏的动作可以刺激五感、促进大脑健康发育。消除对毛躁动作的畏惧。

游戏材料

基本材料

报纸、大型纸张、透明胶带、塑料、小石子、烹饪箔纸、气泡纸、粗盐、其他……

重视孩子头脑健康的母爱关怀

游戏附加材料

油纸、各种鞋

❶ 按照聚酯薄膜 → 报纸 →大型纸张的顺序铺好，将小石子、气泡纸、烹饪箔纸、粗盐、面粉等五种不同材质的材料放在上面做成五感之路。在面粉和粗盐下面再铺上一层塑料袋方便以后清洗。

❷ 走在五感之路上，充分给予孩子时间探索各种材料。越过冰凉的石桥、踩碎气泡纸、揉皱铝箔。

❸ 来玩面粉吧。摸一摸！撒一撒！抓一抓！吹一吹！

❹ 在面粉和粗盐上挤适量颜料，用喷雾器喷水。

❺ 将面粉和颜料混合后，用手脚搅拌均匀。

❻ 将手模和脚模印在纸上。

还可以这样玩！

1. 在油纸上印下手模和脚模会更清楚。

2. 印下每种鞋的鞋印，比较花纹和大小。

巨大的镜子中贮存着孩子的笑容和回忆

孩子目不转睛地看着镜子中的自己的脸。黑发下的小脸上，嵌着微微扇动的鼻翼、滴溜溜的圆眼珠！巨大的全身镜可以让孩子看到一个活生生的自己。试着在家里安一面全身镜，和孩子在镜子前面游戏。这样有利于培养孩子的自信感和正面的自我认识。在彩英出生之前，我在客厅的一角贴了一面镜子。彩英五岁时我们搬了家，留在那边镜子就成了一个遗憾。就好像孩子的笑声和令人哭笑不得的恶作剧也随之消逝。

为了培养孩子的自信，在客厅的一角放一面镜子吧。

对于孩子来说，大镜子和玻璃窗永远具有着莫名的吸引力。试着利用干净透明的镜子和窗户刺激孩子的好奇心。春夏秋冬四季美景在孩子的小手中灿烂绽放。

春·小鸡

用文具刀轻轻地刮下黄色蜡笔屑，均匀撒在柔软洁白的棉花上。

将染黄的棉花蘸上浆糊贴在玻璃上。染绿的棉签做成腿，黄色的野花做成喙，花萼做成眼睛。

夏·毛毛雨

将若干张白纸从上到下一直铺到地板。用透明胶带将各色吸管粘在最上面的纸上。将水和蓝色染料混合后装在塑料针筒中，从吸管顶端推入液体。此时蓝色液体哗哗通过吸管流出来，再用喷雾器吹开，毛毛小雨就呈现在眼前了。

秋·花园

用透明胶带将树枝和松叶贴到镜子上。也可以用木筷子和五彩落叶代替。嘴唇涂上妈妈的唇膏，和玻璃来一个亲密接触吧。一朵秋花绚然绽放！用唇膏在镜子上画出一片烂漫山花吧。

冬·雪人

将棉花剪成圆形做出雪人的身躯，贴上不干胶标签和商标做成雪人的帽子，然后再粘好牙签做成胳膊。用棉花代表雪团，用卫生纸代表积雪。

嗵嗵嗵，孩子的房间是暖暖的想象作坊

孩子的房间中藏着他们的小世界，
在那里孩子展开自己想象的翅膀。
培养孩子自尊心的绝佳空间！

在孩子房间玩美术游戏的益处

1. 培养孩子自觉装饰自己空间的主动性。
2. 在自己专属的空间中更容易展开自由想象
   的翅膀。
3. 积极面对游戏，如果自己的作品得到父母
   的表扬会形成一个正面的自我认识。

在孩子房间玩美术游戏时的注意事项

1. 不要将乳胶或烫手的胶液等黏着剂随意乱放，尤其
   在使用过胶枪之后一定要切断电源。
2. 不要让孩子关上房门自己玩。一定要注意不要让孩
   子被剪刀划伤手或者胶水大量外流。
3. 乳胶、丙酮、指甲油、瓶装印油等含有化学成分，
   具有刺鼻气味。使用这些材料的时候一定要打开窗
   户换气通风。

纸杯花田

游戏材料

基本材料

纸杯、剪刀、蜡笔、木筷子、谷物、种子、纽扣、胶水、水果包装泡沫、黏土、其他……

观察孩子的表情并且一起欢笑的深情妈妈

游戏效果

可以让孩子体会到看似又小又不起眼的物品也有其珍贵之处。通过简单的方法就可以做出漂亮的作品，孩子的成就感也会随之增大。在思考适合的大小和样式的过程中，可以让孩子学会计划事情的方法。

① ② ③ ④ ⑤ ⑥

完成~

① 转动纸杯，用剪刀将杯身剪成一条条的。如果孩子剪不到底，指导他稍稍用力。

② 将剪开的部分向外展开，用蜡笔在纸杯底部内侧涂上颜色。

③ 用谷物、种子、纽扣等粘在涂好色的杯底做成眼睛、鼻子、嘴的样子，完成花朵部分的制作。

④ 将木筷子涂上颜色。

⑤ 在包装水果的泡沫皮中放入黏土，轻拍做成厚实的小丘状。

⑥ 将彩色的木筷子插进黏土中，顶端粘上花朵。

感性妈妈的经验谈

"孩子在大人们丢弃的空间里也能找到美好。"

"呜哇~这是世界上最神奇的花！"有一次彩英这样感叹道。原本以为在垃圾桶的缝隙中看到了扎根的蒲公英呢，我低头去看，原来是摁在纸杯里的烟头还闪着红色的火花。在孩子的眼中，缭绕着烟气的烟头火花是不折不扣的花朵吧。孩子有着连垃圾堆中都能发现美的心灵之眼。所以通过孩子的劳作，本来不算什么的事物都能重生成艺术品吧？

会说话的魔镜

游戏效果

可以让孩子去认知各种感情。

游戏材料

基本材料

披萨盒子或者厚纸片、剪刀、蜡笔、油性笔、OHP塑料片、透明胶带、其他……

像孩子一样做出丰富表情的诙谐妈妈

游戏附加材料

玻璃纸

① ② ③

  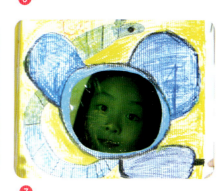

④ ⑥ ⑦

❶ 准备好披萨盒的一面，对照孩子小脸的大小用剪刀剪一个圆洞。

❷ 用蜡笔和油性笔画出装饰。

❸ 用OHP塑料片对照孩子脸的大小裁出几面，每一面都用油性笔画上不同的表情。妈妈要用手指去揉捏脸部肌肉做出各种表情并用语言进行描述（愤怒、高兴、幸福、忧郁、失望、期待等）。

❹ 按照孩子头围的长度将OHP塑料片两端用透明胶带连接做成圆筒状。

❺ "什么时候会这样皱眉头？" "什么时候会这么开心？" 等，将圆筒塑料片套在头上旋转，与孩子分享对表情的感受。

❻ 将装饰好的披萨盒附在脸上做出表情。让孩子自问自答，妈妈要认真倾听，这样更容易读懂孩子的内心世界。

❼ 在披萨盒的洞上粘层玻璃纸，母子对望提问有趣的问题或者进行猜谜游戏吧！

感性妈妈的经验谈

"在游戏中要避免提问评价爸爸妈妈的问题！"

魔镜游戏可以说是能够一探孩子内心世界的难得的好机会，不要把这种绝佳的机会浪费在评价父母的问题上。总会开玩笑地问孩子："这世界上谁最好哇？"要避免让孩子去评价爸爸妈妈孰好孰坏，这对孩子没什么好处。

爱的清晨

被子啊，一起玩吧！

游戏效果

充满欢笑的清晨会使家人的一天都丰富多彩。让孩子感受和爸爸妈妈自然的肌肤接触。

❶ 将被子和枕头堆叠起来，从各个角度观察不同的花色和形状，用手触摸感受材质。

❷ 把被子展开铺在地上，将孩子沿对角线方向放在被子中央，轱辘轱辘卷成甜蜜的被子冰淇淋！

❸ 把孩子夹在被子中间，把不太重的被子叠好，整齐地放在孩子身上。最上面放一个小熊娃娃就做成了小熊三明治，或者放上一个草莓靠枕就可以做成一个爽口的草莓三明治啦。

❹ 让孩子戴上黑色的帽子坐下后，用被子一圈圈围好，咦，海螺面包上还有一滴巧克力果酱呢！

❺ 将枕头在旁边并排立好，用手风琴演奏一曲吧！

游戏材料

基本材料

被子、枕头或者靠垫、娃娃、帽子、其他……

为孩子挤出来的勤劳的五分钟
爸爸妈妈充满爱的温暖肌肤

❶

❷

❸-1

❸-2

❹

❺

感性妈妈的经验谈 "用满载着爸爸妈妈爱的早晨来为孩子美好的一天加油吧！"

看着盖着被子熟睡中的孩子，可以感受到内心中满满的爱。用简单有趣的方法唤醒熟睡中的孩子，效果也是百分百。利用被子和枕头和孩子做游戏也可以起到美术薰陶的作用。不管怎么看，这都是和孩子增进情感的好游戏呢。因为其中凝结了爸爸妈妈真挚的爱，而这种爱可以成为孩子坚实的后盾！给予孩子这样的关怀是理所当然的吧？

学习正确使用工具

甜美的雪糕棍屋

游戏效果

通过废物利用培养孩子热爱环境的心，以线成面，培养孩子的造型感。

游戏材料

基本材料

雪糕棍、颜料、毛笔、乳胶或胶枪、彩纸、剪刀、签字笔、油性笔、其他……

收集可循环琐碎废物的妈妈的关心

游戏附加材料

落叶

❷

❸

❹-1

❹-2

❺-1

❺-2

❶ 把雪糕棍洗净晒干。

❷ 用颜料将雪糕棍染色，整齐摆好晾干。

❸ 在雪糕棍上抹少量的胶水，摆成房屋形状粘好（从基本的直四边形粘起会比较简单），用乳胶粘的话会稍微慢些，但很安全；用胶枪相对危险但是可以快速黏合。

❹ 用签字笔在房架子上作画。

❺ 在纸上画画然后将其粘在窗户的位置上。

感性妈妈的经验谈

"请给孩子使用工具的机会。"

胶枪是加热型黏合剂，一不小心就有可能会烫伤手，但却是一种能瞬间完成手工制作的方便工具，特别是在加固作品方面效果非常显著。我向彩英强调注意事项后把胶枪交给了她，并在旁边仔细照看以防孩子受伤，结果可谓是大获成功。成功完成作品对孩子来说是最大的满足，成功使用工具对于孩子自尊心与创造力的形成也非常重要。

还可以这样玩！

利用雪糕棍和落叶制作手工装饰品。

职业体验游戏

游戏效果

孩子通过模仿大人会渐渐走向更宽广的世界。

游戏材料

基本材料

白色画纸、签字笔、剪刀、透明胶带、彩纸、胶水、厨房用毛巾、水、毛笔、厨具、其他……

为孩子未来做准备的母爱之心

① -1　　① -2　　②　　③ -1

③ -2　　③ -3　　③ -4

① 在白色画纸上画出厨师的帽子并剪下来。用彩纸装饰并画上图案后，按照头围将帽子的两段黏合起来。

② 在彩纸上画出围裙并剪下。

③ 把厨房用纸粘在彩纸上，用签字笔在上面轻轻地点着画画，用毛笔蘸水涂在签字笔印上做出自然的晕染效果。水迹晾干后围裙就做好啦！

军人游戏

医生游戏

社长游戏

歌手游戏

充满魅力的购物袋背心

游戏效果

通过制作实用性强的手工作品培养孩子的设计感，穿上自己做的衣服，孩子也会感到很有成就感，是个让孩子创造自己风格的好机会。

游戏材料

基本材料

纸质购物袋、剪子、胶水、油性笔、透明胶带、即时贴、打孔器、毛线、其他……

充满设计感的妈妈的表现力

①

②

③

④

⑤

⑥

① 以纸质购物袋的底部为肩膀部分，一面做前身一面做后背，剪成背心的形状。有塑料贴膜的购物袋更为结实耐用。

② 把购物袋的绳子在中间剪断，剪断后的末端系扣垂放。

③ 将购物袋边角料剪成心形。

④ 在心形纸片上画画，做成背心的口袋，粘好。

⑤ 背心背面用即时贴装饰。

⑥ 用打孔器在适当的位置扎成扣眼，穿进毛线。或者粘上纽扣来装饰也可以。

感性妈妈的经验谈

"孩子的变身游戏是和世界深度交流的自我表现。"

披上一张包袱皮模仿飞天超人，这便是孩子喜欢做的事吧。将报纸卷起来当做剑便化作中世纪的黑骑士，将纸盘子摇摇晃晃摆在头上做出画家的微笑，对于孩子这样天真的变身，爸爸妈妈不能只是无奈地唭笑，认为这只是孩子的一场胡闹而已，如果能肯定这不着边际的游戏并且给予孩子鼓励，这一切就会升华为丰富的自我表现了。

水墨画家庭T恤

游戏材料

基本材料

砚台、墨汁、白色棉T恤、报纸、细毛笔、衣架、湿抹布、其他……

穿着手工家庭T恤的父母的勇气

游戏附加材料

砂纸、蜡笔、熨斗、油性笔

①

②

③

④

⑤

游戏效果

在描绘家人模样的过程中，爱就像阳光般散发开来。穿上自己亲手画的衣服，成就感倍增。

① 看着水墨古画，给孩子讲述祖先的故事，用砚台磨墨，准备好墨汁。

② 在报纸上铺好T恤，从代表脸部的圆圈开始慢慢画起。

③ 头发、眼睛、鼻子、嘴，依次画出爸爸妈妈的脸。不要忘记留下爱的讯息哦。

④ 完成画后用衣架挂好晾干。

⑤ 孩子的脸庞也要请爸爸妈妈画好。

感性妈妈的经验谈

"爸爸！妈妈！请真心肯定我的作品吧！"

只说几句话来称赞孩子的作品很容易，但是一起参与到使用作品的活动中来就很难了。很有可能会由于难为情或者尴尬就将孩子绘制的粗糙T恤束之高阁。奉劝家长试着穿上吧，即使只在家里穿。这样孩子才能感到父母真心肯定了自己的作品。不经意的举动就可以让孩子感到自豪和满足，得到肯定的孩子自然也会怀着感谢之情成长。

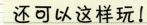

还可以这样玩！

1. 在砂纸上用蜡笔画画，将T恤盖在砂纸画上，用热熨斗熨至蜡笔熔化，这样蜡笔画就会印在T恤上了。使用熨斗时要小心。

2. 用油性笔将想对家人说的话写在T恤上，将T恤旋转着沿各个方向写字的话，就像专业作家的涂鸦一样，帅呆了！

帽子表演

游戏效果

体验折、粘、剪等各种手工动作，给害羞的孩子一个自由表现的机会。

游戏材料

基本材料

厚纸片、厨房箔纸、透明胶带、金箔纸、银箔纸、彩纸、其他……

活用可循环物品的闪亮创意

游戏附加材料

剪子、纸杯、纸盘子、黑色丙烯颜料、打孔器、绳子、塑料购物袋、即时贴、彩色铁丝

①

②

③-1

③-2

③-3

③-4

④

① 将厚纸片剪成长条状，用厨房箔纸服帖地包好。

② 卷成上下相通的圆筒形状，用透明胶带固定。立好圆筒将上部搓叠成尖尖的样子。

③ 将金箔纸、银箔纸、彩纸像下面这样折好做成船的样子。

③-1. 将彩纸对半折成长方形。

③-2. 再对折后展开。

③-3. 将四方形的两角沿中心线对折成三角形。

③-4. 将三角形的下边上折1cm。

④ 将折好的彩纸船沿圆筒下方连结粘好做成闪亮的王冠。

⑤ 引导孩子进行关于帽子的话题，进行时装表演游戏。

利用长期收集的各种绳子

还可以这样玩！

1. 用黑色丙烯颜料将纸杯子和纸盘子上色，用打孔器打洞后穿上绳子，啊哈！乌纱帽完成。

2. 将厚实的购物袋边缘折起，贴上即时贴，蘑菇头塑料帽完成。

3. 利用可以随意弯曲的彩色铁丝制作王冠。

黏土游戏3件套

游戏效果

揉捏可以变化无穷的黏土可以锻炼孩子的手部肌肉并培养其造型能力。

游戏材料

基本材料

报纸、布、黏土、木棍或者木筷子、线、纸黏土、谷物、石头、玩具盘子或容器、橡皮泥、面包刀、硬币、其他……

培养孩子的创造力的妈妈

黏土游戏

❷-1

❷-2

❸

❹

❶ 为了避免黏土粘得到处都是，在报纸上铺一层布。

❷ 在木棍或者木筷子上绕线做成切黏土用的刀。

❸ 将黏土切成小块，做成各种形状。削成团状，卷成条状，揉成球形，敲扁后晾干。

❹ 做成糕点或者面包的样子。

纸粘土游戏

❶-1

❶-2

❷-1

❷-2

❶ 用纸黏土做成食物的样子，晾干后，涂上颜料再晾干。用玩具盘子或者包装容器盛好，做成美味的小点心！

❷ 把纸黏土烧成厚墩墩的样子，在上面按上谷物、石头等来自大自然中的小玩意，取下后，在留下的印记处涂色，做成化石。

彩色橡皮泥游戏

❶

❷

❶ 将彩色橡皮泥并排粘好，对折后用面包刀切开。

❷ 用硬币当做轮子贴在每块橡皮泥上，并排立好，喊喊嚓嚓——火车来啦！

为了爱撒娇的女儿

亲吻唇膏花田

游戏效果

使原本不好意思表达的爱自然地表现出来。可以和孩子平等相待，收到孩子真诚的礼物，妈妈也会被深深打动。

游戏材料

基本材料

鸡蛋盒盖、铁丝、保鲜膜、口红、透明胶带、其他……

与孩子分享化妆品的妈妈的雅量

①

②

③
啵！啵！

④

⑤

① 准备好鸡蛋盒盖。
② 用铁丝插入鸡蛋盒盖的空中，做成挂绳。
③ 让孩子涂上口红观察镜子中自己的嘴唇。
④ 用保鲜膜包好鸡蛋盒盖，让孩子留下亲吻的唇印。
⑤ 用唇刷画画。
⑥ 挂在墙上的话就变成了充满爱意的画框啦。

感性妈妈的经验谈

"请真挚地允许孩子的撒娇和顽皮。"

曾经带着五岁的彩英去近郊兜风，那天她一直睁着两只圆圆的大眼睛抬头看着涂了红色口红的妈妈。她用撒娇的口吻对我说："妈妈，亲亲那边的波斯菊好么？"一时犹豫后我在车窗上"啵"地亲了一下。看着留在车窗上的红色唇印，孩子咯咯地笑了起来。看上去虽然有些滑稽，但还是允许孩子的顽皮吧。看到用行动来响应自己的妈妈，孩子的信任感也会大大加深。

想对妈妈说的话！

欢叫的牛奶盒电话

游戏材料

基本材料

牛奶盒（1L装）、胶水、报纸、订书器、剪子、坚硬的坚果类（开心果等）的壳、油性笔、透明胶带、卫生纸芯、圆形塑料盖（大的、小的）、易拉罐拉手、瓶盖、胶水或者胶枪、其他……

观察孩子做游戏的妈妈的关心和细心

游戏附加材料

厨房箔纸

①

②

③

④

⑤

⑥

游戏效果

培养运用可循环物品的能力。通过新奇的方法帮助妈妈和孩子对话，在对话的过程中语言运用能力也嗖嗖见长！

还可以这样玩！

将牛奶盒对半剪开，并用厨房箔纸包好，再用油性笔在内部标好数字的话，就变成了手机啦！

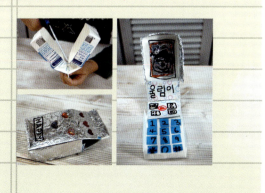

① 在牛奶盒上均匀地涂抹胶水，用报纸包好粘牢。用订书器把牛奶盒开口封住。

② 在坚果壳的内部用油性笔标上数字0～9。

③ 在大塑料盖上粘上小塑料盖，旋转盖子，用透明胶带将数字依次粘好，在小塑料盖上粘上易拉罐拉手。

④ 从卫生纸芯的端口像削果皮一样将其剪成细细的条状做成电话线。

⑤ 在瓶盖上用油性笔点点，做成听筒盖。把两个卫生纸芯连在一起粘牢，贴上瓶盖完成听筒。

⑥ 用彩纸做成支架粘在牛奶盒的开口处。再用电话线连接听筒和机身，完成！

咯咯哒鸡窝

游戏效果

运用小而易碎的鸡蛋培养孩子的谨慎、集中力和自我调节能力。

游戏材料

基本材料

煮鸡蛋、胶水或者胶枪、颜料、指甲油、透明的塑料鸡蛋盒、水果包装泡沫、稻草、树叶、其他……

在孩子运用材料的过程中耐心观察的妈妈

游戏附加材料

签字笔、油性笔

❶

❷

❸

❹

❺-1

❺-2

❶ 把煮鸡蛋的皮剥掉。

❷ 把鸡蛋皮摊开在上边画画。

❸ 在没剥皮的鸡蛋上用颜料或者指甲油画画。气味很大所以要开窗保持通风。

❹ 将鸡蛋和棉花在鸡蛋盒上交错摆放，形成可爱的装饰品。

❺ 在水果包装泡沫上放入棉花和稻草、树叶等做成鸡窝。

还可以这样玩！

1. 在大鸡蛋盒凹凸不平的背面标上数字可以做成日历。

2. 透明的鸡蛋盒是很好的隔垫。

培养强烈的自尊

作品展示会游戏

游戏材料

基本材料

孩子的美术作品、长线（细绳、晾衣绳、彩色铁丝等）、贝壳、油性笔、鹅卵石、切菜板、木板、铅笔、修正液、爸爸妈妈的信、纸箱子、胶水、其他……

妈妈认真对待孩子美术作品的态度

①

②

③

④

⑤

最初的诗画

⑥

孩子的照片也一起摆出来。

⑦

⑧

游戏效果

准备展示会能使孩子获得自信和成就感。通过家人和朋友的关怀孩子可以获得自尊和勇气。

① 在贝壳上展示黏土作品。

② 在切菜板上画画，其本身就成了画框。

③ 在纸箱子上粘贴绘画作品。

④ 把小幅作品放进相框展示。

⑤ 把写好的诗用小纸片展示出来。

⑥ 如果有孩子小时候的涂鸦也用小纸框展示出来，此外还有父母写给孩子的信。

⑦ 在大的鹅卵石上展示纸黏土作品，小的鹅卵石上写上作品名称及日期。

⑧ 陈列好作品后举办展示会。

感性妈妈的经验谈

"此刻，并不是为了展示给别人看，而是为了肯定孩子的存在感。"

和孩子一起完成美术作品很重要，理解和肯定孩子的作品同样重要。这是爸爸妈妈另一种爱的表达。即使是在细而短的线上挂上几幅孩子的画，孩子也会因这是在展示自己的作品而感到兴奋。这比任何称赞都更能培养孩子的自尊感。

5

哗哗哗，浴室是开心的五感乐园

这里是爱水的孩子可以开心玩耍、妈妈也不用担心清理问题的空间。
通过皮肤去体验的五感游戏可以净化孩子的情绪。
嘎嘎嘎，随着孩子爆发的笑声，家庭的压力也一扫而空！

在浴室做美术游戏的益处

1. 可以随意接触水，清理起来也很简单。
2. 在客厅或者卧室做起来有些麻烦的面团游戏和粉末表演游戏，在浴盆里做起来更灵活方便。
3. 孩子通过大镜子可以看见自己做游戏时的样子。
4. 通过身体的自由活动可以培养孩子的主动性和表达力。

在浴室做美术游戏的注意事项

1. 要小心照看避免孩子滑倒，将大毛巾弄湿围在四周可以预防事故。
2. 美术游戏过程中所用的材料，如纸、黏土等会在遇水后变成团状，要避免堵塞下水道。
3. 避免孩子被反锁在浴室里。

噗!噗！水枪游戏

游戏材料

基本材料

整张纸、透明胶带、吸管、颜料、塑料牙膏管、塑料袋、牙签、其他……

把孩子的捣蛋看成游戏的妈妈

游戏效果

压力一扫而空。可以直接体验自己的行为会产生怎样的结果。

① ② ③ ④ ⑤-1 ⑤-2

① 将纸贴在浴室的一面墙上，将吸管按适当间距粘于其上。

② 把各色颜料挤在纸上。

③ 用塑料牙膏管装水后发射，也可以使用喷雾器。观察颜料喷洒呈现的颜色，浴缸里装满水的话将颜料哗啦啦倒进水中，观察颜料溶解的样子。

④ 将塑料袋装满融合颜料的水充当水枪。

⑤ 将水袋挤压和摇晃，用牙签刺破并观察。要注意不要让水喷进眼睛和嘴里。

感性妈妈的经验谈

"只是为了释放情绪而进行的美术游戏有时没有任何结果。"

在孩子的美术游戏中也有这样完全不受限制、只是为了完成这个行为本身而已的情况。孩子可以感受到自由和解放感，安抚孩子的情绪也是美术游戏的最大目的。

镜子是巨大的画纸

咯吱咯吱的镜子绘画

游戏效果

在温暖的水气中光着身子玩可以开启五感，放松身心。

游戏材料

基本材料

莲蓬头、喷雾器、浴室镜子、牙膏、颜料、其他……

在镜子上边画画边分享母子对话

游戏附加材料

毛笔、牙刷、地板清洁刷、玻璃蜡笔、乳液

② -1

② -2

③ -1

③ -2

③ -3

① 向浴缸中注满热水把房间蒸得暖熏熏。也可以用喷雾器装上温水喷镜子来玩耍。

② 在凝结水蒸气的镜子上用手指画画，镜子太高的话在瓷砖上画也可以。咯吱咯吱！竖起耳朵听声音。

③ 把牙膏和颜料混合在一起用来作画。

感性妈妈的经验谈

"在浴室里和孩子做游戏的时候妈妈要穿上舒适的衣服活动哦。"

在浴室做游戏会不时发生各种情况，活动要方便。因为用水很方便所以颜料流下来也没关系，但是妈妈的衣服如果不方便的话就没有办法配合孩子积极地游戏啦。妈妈和孩子都要穿上最舒服最方便的衣服来玩耍，浴室就是五感乐园！

还可以这样玩！

1. 使用毛笔、牙刷或者地板清洁刷来画画。
2. 用玻璃蜡笔画出的画，会更加华丽。
3. 用乳液混合颜料在瓷砖上画画也很有趣。

我是花斑恐龙

游戏效果

自由进行皮肤接触的好机会。可以培养表达力并释放压抑的情绪。

游戏材料

基本材料

恐龙照片、身体彩绘颜料、口红、眼影、胡萝卜或者黄瓜、切菜板、其他……

妈妈积极参加游戏的姿态

游戏附加材料

天然身体用品、妈妈的营养面膜、画纸、毛笔

①

②

③

④-1

④-2

④-3

① 将恐龙照片贴在浴室墙壁上，描述恐龙的特征。

② 将身体彩绘颜料涂在身上，妈妈的口红和眼影也是不错的装扮工具。

③ 把胡萝卜或者黄瓜研成细末敷在身上来装扮。

④ 变身恐龙！发出恐龙的叫声试试看。

感性妈妈的经验谈

"和孩子做游戏时的肌肤碰触，成为坚实的感情基础。"

浴室游戏有一大优点，就是可以自然和孩子碰触。不断缠人的孩子和不耐烦的妈妈之间的感情都可以在一起洗澡的时间内得以醇化。在这样相互交感的空间里如果能做一些有教育意义的游戏就锦上添花了。

还可以这样玩！

1. 孩子如果是敏感性肌肤可以使用天然皮肤用品或者有颜色的营养面膜。特别是黄泥面膜，可以用来扮演非常有趣的形象。

2. 打扮的时候请用用过的材料在瓷砖或者纸上画下扮成恐龙的自己。

用黏土捏出丘陵和道路

游戏效果

感受泥土泥泞的触感，用身体去体验自然。通过快乐的身体游戏，不仅能够提高主动性，和妈妈的相处也会更愉快。

游戏材料

基本材料

布、塑料、黏土、水、水盆、雨衣、木筷子、玻璃球、其他……

妈妈和孩子用脚丫打出的拍子

游戏附加材料

花盆、彩纸、剪子、铁丝

 ❷

 ❸

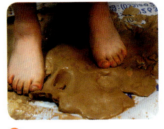 ❹-1

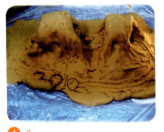 ❹-2

 ❺

还可以这样玩！

游戏结束后如果把黏土扔进下水道会造成堵塞，不如把黏土放进空花盆里，插上纸做草木花朵，做一个美丽的花盆吧。

感性妈妈的经验谈

"联想书上的内容会使游戏更丰富。"

我给彩英读了《狗熊去打猎》的童话后玩了这个游戏，孩子联想到书上的情况更加兴奋了。开始游戏之前先读一些相关的书籍也会使孩子对读书更加感兴趣。

❶ 将布平铺在浴室地板上，在上面放上水盆。将水和黏土在水盆里混合揉成团。这时黏土随着添加水的多少呈现出不同浓度的质感，让孩子去感受，做成小山丘和路的样子。

❷ 妈妈和孩子一同进入盆中，手拉手防止跌倒，一起踩黏土。让孩子唱着喜欢的歌曲，妈妈要跟着歌曲的节奏和孩子一起踩拍子，扑通扑通，啪嗒啪嗒。玩一玩谁先踩到对方的脚背谁就赢的游戏也很开心。要注意不要滑倒哦！

❸ 打开莲蓬头营造雨天哗啦哗啦的蹚泥水的气氛，穿上雨衣的话就更真实啦。

❹ 用木筷子在黏土上写上日期或者画画。

❺ 在黏土里藏玻璃球让孩子寻找的游戏也很有趣。也可以等泥土干了以后让玻璃球在隧道里滚动。

制作戏水的伙伴

漂浮的玩具鱼

游戏效果

通过用橡胶手套制作玩具鱼这样象征性的游戏，进行装扮、对话的同时，丰富了孩子的想象力。

游戏材料

基本材料

橡胶手套（或者卫生手套、塑料袋、牛奶盒等）、玩偶眼睛、透明胶带、油性笔、橡皮筋、在水中可漂浮的玩具、吸管、颜料、肥皂水、其他……

了解科学原理的妈妈

①

②-1

②-2

③

④

感性妈妈的经验谈

"和孩子去公共浴室的时候可以准备戏水玩具。"

带着孩子去公共浴室的话，妈妈会忙得连洗澡的时间都没有，看着脱得光溜溜的孩子在打滑的地上到处乱跑心里真是七上八下。这时如果有戏水玩具，孩子自己也能玩得很好。妈妈做好准备，既可以保护孩子安全也可以让他不那么无聊啦。

① 用透明胶带在橡胶手套上贴上玩偶眼睛，用油性笔画上鳞片来装扮成鱼的样子。

② 将手套充气膨胀，开口处用橡皮筋系紧。如果太滑不好系的话，也可以将毛巾塞进手套做成胖胖的样子。

③ 将玩具放在手掌心，展开对话以刺激孩子对科学的好奇心。"鸭子会浮起来还是剪子会浮起来？""什么东西在水里会沉下去？"

④ 把吸管附在水面吹出水流的话就可以看见鱼儿在游动了。将颜料混在肥皂水中吹泡泡，也是非常有趣的。

"妈妈可以通过孩子的错误学习游戏的智慧。"

妈妈和孩子一起进行的美术游戏不可能总是又安全又干净。特别是有泡沫的时候，幼小的孩子很难有良好的身体调节能力。我也曾经因为看到彩英咕咚一下咽了一口肥皂泡而吓得不行。即使这样，也不要阻止游戏。所谓游戏，就是要经常自己试试看才能掌握要领。不管怎样，玩游戏前先让孩子练习看看，这样就知道会出现哪些失误了。

第3章

妈妈和孩子，无时无刻不快乐

还记得和妈妈手拉手去游乐园或者郊外时，孩子脸上无限幸福的表情吗？让妈妈的笑容成为孩子的能量，带孩子一起去有阳光有微风的地方吧！

阳光灿烂的日子里背上画具箱出去玩喽～

轰轰轰，游乐园是呼吸的情感工作室

游乐园是孩子最喜欢的地方之一。
孩子在那里可以结交朋友，培养社会意识。
离开无聊的家去更宽广的世界接触大自然，
让孩子表达出尚未开发的感情吧。

在游乐园做美术游戏的益处

1. 露天游乐园可以随心所欲蹦蹦跳跳，带给孩子解放感。
2. 可以接触鹅卵石、青苔、树枝、树叶、落地的果实和种子、沙子等自然物。培养孩子对周围事物的热爱之心、观察能力和求知欲。
3. 在户外玩美术游戏会吸引周围的小朋友，大家可以交朋友，促进孩子的社会性发育。人气的上升还有助于领导才能的培养。

在游乐园做美术游戏的注意事项

1. 不要随意破坏周围的动植物。折树枝摘树叶、抓蚂蚁或者蝗虫来玩等，都是不可以的。
2. 要避免扔土或者沙子而进入眼睛的情况发生。
3. 户外活动后一定要把手洗干净。

尽情触摸，随心而画

闪亮沙子绘画

游戏效果

　　自由堆成想要的样子，创造力嗖嗖提高。让孩子独立制订活动目标并且探索合适的方法，可以培养他的主动性和成就感。

　　❶ 游乐园的沙子里有可能会夹杂着碎玻璃或者其他异物，在开始游戏前一定要检查好。

　　❷ 运用各种工具探索沙子，晴朗的日子里阳光下的沙子和阵雨过后湿濡濡的沙子，比较其颜色和触感有什么不同。

　　❸ 在画纸上用胶水作画然后将沙子撒上去，把画纸立起来抖落多余的沙子就做成了一幅沙画！

　　❹ 用树枝在湿沙子上画画或者用手、脚、自然物等在沙子上留下印记。

　　❺ 花盆里装满沙子，并在上面摆上果实的话会很漂亮。

游戏材料

基本材料

游乐园的沙子、沙子游戏工具（生锈的筛子、用饮料瓶做的漏斗、牛奶盒、纸杯、塑料容器等）、水杯、画纸、胶水、树枝、果实、其他……

和孩子在游乐园玩耍的妈妈的闲暇时光

用饮料瓶做的漏斗

❷

❸-1

❸-2

❸-3

❸-4

❺

还可以这样玩！

　　用纸杯装满沙子翻转叩出，然后用吸管和彩纸做成旗子插在上面，就做成了沙山！

通过过家家游戏培养使用材料的能力

阳光托盘上的石子花糕

游戏效果

接近自然的游戏会使孩子和自然的关系更加亲近。孩子会发挥出惊人的材料应用能力。

游戏材料

基本材料

土、石子、雨伞、贝壳、药剂量杯、瓶盖、篮子、其他……

想要和孩子一起度过美好时光的妈妈的努力

①

② -1

② -2

③

请品尝桔皮菜包料理~

④ -1

④ -2

④ -3

还有泥土饼干和烤贝壳哦~

感性妈妈的经验谈

"孩子受挫的时候要充满耐心去等待。"

有时候如果订出的计划比较难而孩子又很心急，过家家游戏有可能会受到阻碍。享受动态活动对孩子来说很重要，所以妈妈不要催促，而是在身边予以关注。还有，出去的时候不要忘了准备水和点心哦。

① 制订过家家的菜单，愉快地做出计划。比如：花瓣煎饼，泥土饼干，石子蛋糕，野菜沙子拌饭等。

② 在游乐园周围采摘一些自然物，如树叶、花瓣等。

③ 寻找阴凉处将影子作为托盘。找不到阴影处可以用大雨伞制造出影子来。

④ 将花瓣、树叶捣碎做成小点心，利用各种材料精心做一桌"美食"。孩子作为小主人，妈妈作为客人或者朋友，一起玩过家家游戏吧。

大树朋友，你好！

游戏效果

采集自然物，培养孩子的观察能力。
了解自然规律，培养热爱大自然的心。

游戏材料

基本材料

鸡蛋盒、塑料篮子、自然物（花、松
果、树枝、叶子等）、纸箱子、剪
子、草、胶水或者胶枪、毛线、玩偶
眼睛、秸秆、透明胶带、其他……

**把自然作为一生的朋友来
介绍的妈妈的自然之爱**

树叶被微风轻轻吹拂！
❶-1

大树的皮疙疙瘩瘩的！
❶-2

❷

❸-1

无聊的兔子朋友
❸-2

❹

❶ 带着孩子在家附近散步，仔细观察周围的大树。让孩子评价树歪歪斜斜的样子、树枝的成长规律、树皮和树叶的颜色等。引导孩子沿着有树的地方走，使用拟声拟态词来提高孩子的韵律感。

❷ 采集花、松果、树枝、叶子等各种自然物，将鸡蛋盒高低交错的一面放进塑料篮子里就成了出色的采集桶啦。利用采集的自然物玩各种游戏吧。

❸ 将纸箱子剪开贴上自然物后做成各种表情。

❹ 回想在外面见过的树的样子在自家墙上用秸秆、树枝等再现。上边再粘上采集的叶子的话就成了孩子自己的大树朋友啦。

树叶帽子和腰带

游戏效果

体验和自然物的交流。
充分体会大自然的美丽。

游戏材料

基本材料

形形色色的树叶、石子、牛奶盒、四方篮子、订书器、透明胶带、纸质购物袋、剪子、毛笔、颜料、其他……

准备和孩子一起出发去想象之旅的妈妈

游戏附加材料

彩线、采集的自然物

① 在公园采集形形色色的树叶和石子。将树叶去除湿气，这样透明胶带的黏性才能起作用。

② 将牛奶盒剪好整齐地摆放在四方形的篮子里，把树叶和石子等放进格子里，告诉孩子大自然有多么美丽。

③ 给孩子读《彼得潘》的故事，给他看书上的插图后，告诉他要打扮成彼得潘的样子。

④ 将纸质购物袋剪成长条状做成发带和腰带，在发带上重叠地粘上大片的树叶。树叶背面用毛笔涂上颜料印在腰带上，腰带的下面也粘上适当大小的树叶，完成！

⑤ 将发带和腰带围在孩子的头和腰上，像彼得潘一样出发，踏上探险之旅！

还可以这样玩！

用漂亮的彩线将果实或者树叶栓起来做成小巧玲珑的项链。樱桃、山莓等果实的汁液是天然的装扮材料。

啦啦啦，周末旅行是移动的游戏教室

旅行地是和自然一起移动的美术教室。

通过体验自然培养孩子的探求心和创造力，一家人一同到陌生的地方去，家庭的亲情也会变得更加深厚。

孩子就像森林中的绿树一般健康成长。

周末旅行时做美术游戏的益处

1. 旅行途中一定会有父母感到疲劳而孩子也很无聊的时刻。这时候做美术游戏的话可以消除疲劳感和无聊。美术游戏起到了充电的作用。
2. 旅行中进行美术游戏的记忆会永久珍藏在孩子心中。
3. 去往旅行目的地的途中，有很多因为没有玩具而缠着爸爸妈妈耍赖的孩子。这时候用美术游戏制作玩具吧！孩子对亲手做的玩具会更加爱不释手。

周末旅行时做美术游戏的注意事项

1. 采集自然物的时候注意不要伤害动植物。请戴上套袖和手套，使用夹钳或者木筷子。
2. 不要让孩子走远去寻找材料，有可能会迷路或者受伤。
3. 比较自然与人工的美丽，教育孩子要保持热爱自然的心灵。
4. 不要因为旅行中的美术游戏加重妈妈的行李负担。让孩子自己负责保管和携带物品，并且在他收拾好前耐心等待。

写生画册

游戏材料

基本材料

各种内页纸或者两面纸、打孔器或者钻头、纸绳、油性笔、剪子、箱子的碎片、布料边角料、彩纸、胶水或者胶枪、铅笔、橡皮、其他……

一小会儿的散步时间

游戏效果

培养从熟悉的风景中发现不同的敏感的观察力。培养孩子成为不忽略细节、做事不马虎的人。

①

②-1

②-2

②-3

③

④

⑤

外出散步的写生画册

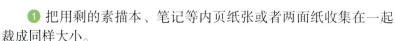

感性妈妈的经验谈

"与周围事物亲密接触，豁然推开了面向世界的心窗。"

① 把用剩的素描本、笔记等内页纸张或者两面纸收集在一起裁成同样大小。

② 用打孔器或钻头等尖形工具打孔并用绳子系好。

③ 穿根长绳便于背在肩膀上。去郊外散步的话容易弄丢的彩笔和橡皮等用具也用胶水或者胶枪粘在绳子上。

④ 用布料的边角料或者有花纹的彩纸粘在本子上作装饰，将制作的日期、孩子的姓名和联系方式也写上。在家附近玩的话就可以随身携带了。

⑤ 让孩子背在肩上，带他外出兜风吧。

教孩子如何画画那是专家的事情，但是帮助孩子充满自信并为孩子的感性灌输生命就是妈妈的责任了。由带着孩子出去散步开始吧，如果孩子蜷坐在路边，总是可以发现些什么，这时和孩子面对面以同样的视角坐下来，可以看到他所见，分享他所想的一切。孩子的自信心也会不断增强，不管到哪都不畏惧自然的事物而嚓嚓地画下来。大自然像变色龙一般千变万化，也可以借此培养孩子观察自然的智慧。

豆丁艺术家的绘画工具箱

游戏效果

培养对文化的关心以及对艺术的鉴赏眼光。可以亲近对待陌生而复杂的艺术作品。

游戏材料

基本材料

披萨盒子、小的饼干盒、木纹胶布、剪子、背带或者腰带、胶枪或者胶水、美术工具、各种文具、油性笔、彩色放大镜、其他……

喜欢文化生活的爸爸妈妈

①

②

③-1

③-2

④

看到玫瑰花绽放的样子是不是有什么好事要发生呀！怎么回事？那里颜料的痕迹好像纠缠在一起跳舞呢~

⑤

❶ 按照披萨盒子的大小将小的点心盒子剪好，大小不一排列粘好做成收纳格。披萨盒子的表面用胶布仔细包好，这时用干手帕从起点开始推压可以使胶布粘得更工整。

❷ 用胶枪或者胶水把背带或者腰带这样结实的带子牢牢固定在盒子上。

❸ 收纳格里分别摆放进美术工具及各类文具，挎上背带，准备完毕！背着艺术家的绘画工具箱去展厅，好像变成了画家或者学者一样呢。

❹ 欣赏并探讨各个展示作品有怎样的魅力，用彩色放大镜可以使看到的作品变色。

❺ 通过看、听、感受，投入全身心去欣赏。动手模仿作品中的素材也很有趣。

感性妈妈
的经验谈

"培养在生活中感受文化的习惯。"

感受文化、欣赏作品的眼光并不是一天两天能够培养出来的。要坚持经常去展览馆观察，不知不觉家庭的文化水平就会得到很大的提升。在家里做的小小准备使无聊的场所也变得趣味盎然，通过妈妈的努力让孩子的展览馆之行变得更加愉快吧。

全家一起去郊游

游戏效果

　　和家人一起度过休息时间可以让孩子情绪稳定并感到优越感。在自然中玩耍也可以感受解放的自由感。

游戏材料

基本材料

彩纸、油性笔、剪子、贝壳、橡皮泥、胶水或者胶枪、纸盘子、彩绳、纸箱子、纸绳、打孔器、地席、染色颜料、写生画本、透明的雨伞、丙烯颜料、绘画工具箱、桌布、其他……

附近静谧的空间和准备好去郊游的爸爸妈妈

① 在彩纸上写下郊游的主题，制作邀请函。

② 用橡皮泥做成食物，把贝壳当做盘子，准备一次小型的野餐。用胶水或者胶枪粘牢避免移动。

③ 用彩绳精心包装便当。

④ 用纸箱子制作野外用餐桌。翻过来就可以当箱子来装纳准备物品。

⑤ 在野餐垫上用颜料画出家人，如果是塑料地席就用油性笔画。和别人家不一样的地席会更加珍贵也不易丢失。

⑥ 打开透明的雨伞，用丙烯颜料在上边画画。

⑦ 试着在桌布上画画。

⑧ 完成准备工作啦，现在去野外快乐地玩耍吧。

"要让孩子知道和家人一起度过的时间弥足珍贵。"

家庭郊游是爸爸妈妈真心送给孩子的主题游戏，一起制作邀请函和其他小物件吧，每次看到孩子生疏的小手做出的作品都会微笑起来。不要忘了带上孩子的绘画工具箱和写生画本，如果能在郊游场所采集自然物的过程中使用，会成为美好的郊游回忆。

"让孩子快乐地承担责任。"

去郊游的时候单独给孩子做一个小行李袋让他负责整理和携带。假如爸爸妈妈把所有的物品都准备好，那么孩子就学不到责任感。孩子自己制作自己收拾的话，对郊游的期待会更高，也会产生一份责任感。

彩英的绘图日记

2010年3月14日 星期日 下午

1. 用我的头巾包裹着昨晚做好的橡皮泥大餐出来玩啦，没有把泡菜汤和野菜汤倒掉真是万幸啊，可是烤青花鱼凉了就不好吃了，好担心。

2. 外出郊游时我把自己做的野餐准备好摆了一桌，心情好像飞上天似的真开心呀！

3. 绘画工具箱里还放了我喜欢的饼干呢，放大镜也在里边。妈妈准备午餐的时候我就画画啦。

4. 这里听不到人们说话也听不到汽车的声音呢！小狗狗，安静点哟，可以听见水的声音，还有蝴蝶飞过的声音，哎呀呀，这不是蚂蚁噔噔迈步的声音么？

5. 睡午觉的爸爸，在太阳下有可能把脸晒得黑黑的呢，我把我的帽子给爸爸盖上吧。爸爸打呼噜的声音真逗，用曲线画出声音的抑扬高低，咯咯……被我的笑声吵醒的爸爸问我："这七拐八拐的线都是什么呀？"绝对是秘密呀！

6. 我爸爸吉他弹得可好啦。柳絮飘过他都没有觉察，正聚精会神地在演奏呢。

度假场所中更有趣的游戏

在度假场所进行美术游戏，最好的材料是符合季节和天气的自然物。
美术游戏就像呼吸的空气、温暖的阳光一样，随时都会在我们身边。
随性地玩耍和体验最棒了。

堆砌我们的家庭许愿石塔

采集石子后根据颜色和花纹分类堆成石塔。

发现笑眯眯的
笑容~

大自然是过家家的乐园

把扁形的石头当成料理台，在
溪边挖出浅坑堵住溪流的话，就成
了一个天然的厨房。用在大自然中
收集到的材料准备一桌好菜，留下
一份美好的回忆。

我是盛会的主人公

游戏材料

基本材料

发夹、黏土（川沙黏土、幼儿用黏土等）、纸杯、乒乓球、玻璃纸、胶水、黑豆、彩纸、橡皮筋、打孔器、剪子、透明胶带、即时贴、EVA品、铅笔、OHP塑料片、包袱皮、油性笔、其他……

鼓励孩子表达个性的妈妈

② -1

② -2

② -3

③ -1

③ -2

④ -1

④ -2

④ -3

游戏效果

充满景观和音乐的场所留下不一样的回忆，亲密感也会提升。可以体会在人们的视线中随意发散自己个性的勇气。

① 和孩子一起确定装扮的主题。

② 用黏土做成各种形状，粘在已经不喜欢的旧发卡上，水果造型或者王冠都很好，三角形的妖精也很精巧。

③ 将两个纸杯的底剪下，再剪成环状。用乒乓球做成鼻子，玻璃纸做成眼镜片，纸杯的边角料做成眼镜盖，用黑豆做成眼珠，彩纸做成胡子，橡皮筋做成眼镜腿，粘好。

④ 在EVA品上用铅笔画出帽檐的形状剪下来，在两端打孔绑好橡皮筋。再用OHP塑料片剪成帽檐形状，贴上即时贴作装饰，再粘到EVA品上。

感性妈妈的经验谈

"请为大胆表现与众不同的孩子感到骄傲。"

去游乐场的时候，爸爸妈妈是不是也遇到过不知如何应付死活缠着自己买头饰的孩子。下次就在家里制作好头饰带去吧，在千篇一律的头饰面前，体现孩子个性的头饰就发挥了真正的价值。不怕做工粗糙，只求独一无二！这对于孩子来说难道不是更重要的么？

和爸爸一起创造珍贵的回忆

牵着爸爸的手去约会

游戏材料

基本材料

卫生纸芯、厨房箔纸、胶水或者胶枪、油性笔、彩纸、剪子、胶水、彩色玻璃纸、厚实的饼干盒纸片或者厚实的画纸、衬布、领带、孩子画的T恤、透明的塑料容器，其他……

和孩子一起走路的爸爸

①

②

③-1

③-2

④

游戏效果

　　和爸爸妈妈一起沉浸在大自然中，孩子的情绪能够达到最稳定的状态。

感性妈妈的经验谈

"和孩子一起散步，使家人之间的沟通更顺畅。"

　　在培养孩子的过程中会渐渐发现，在户外与孩子沟通比在家里与孩子沟通更有效果，在户外，孩子心情更开朗，对一些谈话也能更好地接受。如果家人间的对话不太愉快的话就手拉手来散步吧。

① 在厚纸上画出放大镜的样子剪下，将彩色玻璃纸当做透镜镜片贴好，做成放大镜。

② 穿上孩子画的T恤。用大手帕或者衬布在头上围好，再用爸爸的领带挽在头部固定，就做成了帅气的印度式头巾。

③ 脱下鞋袜和爸爸手拉手走在林间小路上。描述光脚触碰大地的感觉和手拉手的柔软感觉。用语言表达风吹的方向、草的触感和样貌以及相互之间的气氛。比较彼此的脚印有何不同。

④ 用望远镜看远山，用放大镜看柳絮，颜色也发生了改变。将许多颜色的放大镜重叠的话会更加有趣。俯首观察慢慢蠕动的虫子，用透明的塑料容器装满清水或者抓一些昆虫放进去，可以看见凸透镜有趣的效果。

⑤ 回来的路上和孩子尽情拥抱。

第4章

让人难忘的特别游戏

每年一度的家庭活动或者纪念日、国庆节，请有意义地度过吧！这里将介绍一些和特别的日子搭配的美术游戏，可以留下更深的回忆。只有我们家庭才拥有的特别的日子，让意义更加深刻吧。

愉快的生日也玩美术游戏～!

当当当，特殊日子的美术游戏

确认家庭的珍贵和孩子的存在感的日子！
做各种事情和进行有意义的沟通的日子！
在特别的日子里和孩子一起做美术游戏吧。

特别的日子里做美术游戏的益处

1. 参与到需要多人劳动的活动中，体验生活中的美术。
2. 孩子会理解妈妈在特别的日子里为自己安排位置的良苦用心。
3. 理解妈妈的家务劳动，理解国庆节的意义，也会产生各种学习的动力。

特别的日子里做美术游戏的注意事项

1. 不要因为孩子做得好就贪心，也不要因为收拾起来很麻烦就有压力，一旦制订计划就要坚持到底。
2. 在亲戚面前不要过分指责孩子活动中的失误，这样反而会让孩子失去自信，对人际关系也会产生畏惧。

分担家务，培养归属感

元旦包饺子

游戏效果

节日里一边帮助妈妈做事一边重新思考节日的意义，可以感受到归属感和成就感，成为懂得尊敬长辈、懂礼貌的孩子。揉面团可以唤醒手的触觉。

游戏材料

基本材料

包饺子的材料、小桌子、盘子、牙签、发带、宣纸、彩纸、彩铅笔、剪子、透明胶带、其他……

给孩子留出位置的妈妈

①

②-1

②-2

②-3

③-1

怪物饺子完成！

③-2

饺子花开~

像我这样做。

感性妈妈的经验谈

"过节时让孩子积极参与。"

准备节日食物的日子，孩子常常会沉迷在电视机或者游戏中。不要让孩子成为局外人，让他参与进来，一家人其乐融融。"

① 用韩纸和彩纸做成传统花样粘在发带上，在妈妈旁边留出包饺子的空间并等待。

② 按照妈妈的说明，并跟着妈妈揉面团→揪成小面团→擀成皮→放入馅→包饺子。给样子独特的饺子取名字。

③ 用面团的边角料捏成有趣的样子。

④ 比较饺子煮熟之前的样子和煮熟之后的样子。

播下孩子梦想的种子

植树节播种

游戏材料

基本材料

黏土、签字笔、木筷子、一次性勺子、油性笔、园艺铲、土、四方辣椒酱盒、钻头、种子、剪子、其他……

像播种种子一样播种感情的妈妈

游戏附加材料

丙烯颜料、毛笔

 ①  ②  ③

 ④  ⑤-1  ⑤-2

什么时候才能发芽呀？

播种爱！

 ⑤-3  ⑥

游戏效果

在观察从种子到开花的漫长过程中，会产生珍惜花朵的心情。和孩子一起成长，可以成为孩子分享心事的伙伴。

① 用签字笔在黏土上点点，然后揉成团，会变得很漂亮。

② 把彩色黏土做成想要的形状，用木筷子轻轻地插好。

③ 在厚纸片上写下植物的名字并画上漂亮的画剪下来。在黏土装饰的筷子或者一次性塑料勺子上粘上植物名签。

④ 用钻头在四方形的辣椒酱盒子底打洞，把盒盖当做花盆座，将漂亮的装饰娃娃粘好写上字，装进土并种上种子。

⑤ 插上植物名签，浇水。

⑥ 也为爸爸妈妈制作爱的花盆。

还可以这样玩！

用丙烯颜料将红色四方形的辣椒酱盒子涂上颜色可以演绎出乡村风的室内装饰的感觉，正适合作花盆。

感性妈妈的经验谈

"在朴素的地方也能培养孩子大大的梦想。"

虽然是利用可循环物品制作的朴素花盆，但孩子一想到小种子会变成美丽的花朵心就砰砰直跳。孩子梦想的大小与是否有好的工具和优良的场所没什么关系吧？

家庭日制作感恩礼物

游戏效果

　　看到因为自己亲手做的礼物而感动的家人，孩子会感受到快乐和幸福。

游戏材料

基本材料

蜡笔、纸、剪子、吸盘、其他……
被孩子的礼物感动的大人

游戏附加材料

箱子盖、丙烯颜料、毛笔、孩子的照片、扇子、软笔、纸黏土、铁丝

2-1

2-2

2-3

3

4-1

4-2

① 想着收礼物的人，思考要做什么样的礼物，妈妈也来帮忙。想到了！制作车用电话号码引导牌吧！

② 在纸上用蜡笔画出自己最漂亮的样子，同时写上收礼物的人的电话号码，完成后对好位置粘牢。

③ 挂上吸盘使号码牌可以附着在玻璃上。

④ 事先在车上贴好，给主人一个意外惊喜吧。

还可以这样玩！

1. 在坚硬的箱子盖上用丙烯颜料涂上色彩，粘上相片作为装饰，送给姨妈。

2. 在没有花纹的扇子上用软笔画画，送给奶奶。

3. 在纸黏土做的小鞋子上插上铁丝做成名签架，放到老师办公桌上吧。

培养爱国心

国庆日挥舞国旗

游戏效果

自己动手制作国旗可以加深对祖国的理解和关心。制作各国旗帜会产生对世界各国的好奇心。

游戏材料

基本材料

白纸、签字笔、蜡笔、彩纸、剪子、胶水、绳子、透明胶带、其他……

热爱祖国的心灵

①

② -1

② -2

③ -1

③ -2

③ -3

① 观察国旗，并向孩子解释构成图案的各个象征要素所代表的意义。

② 让孩子自己动手制作国旗。

③ 把完成的旗帜用长绳挂起，也制作一些其他国家的旗帜，按顺序连接后挂在房间里，利用代表不同意义的各色国旗来培养孩子设计方面的能力，可以收到满意的效果。

感性妈妈的经验谈 "爱国心需要迈出步伐。"

孩子自己画的国旗可能不够完美，虽然这样，却是孩子向祖国迈出关心和热爱的第一步，用这样自然的方法积攒对祖国的热爱更真切。

制作和自然成为朋友的玩具

快乐暑假的小帆船

游戏材料

基本材料

树叶、饮料瓶、文具刀、吸管、两面纸、打孔器或者钻头、一次性筷子、树枝、油性笔、绳子、其他……

和家人一起度过的暑假

①

②-1

②-2

③

④

感性妈妈的经验谈

"要亲身体会保护自然的重要性。"

　　要告诉孩子，人类不能只顾享乐而随意破坏自然，不论是往江水里倒染料，还是折断花草，都是不对的。养成认真对待自然中任何一个微小事物的习惯，长大后就不会为了一时快乐而轻易去犯小的错误。教育孩子在自然面前要保持一颗谦恭的心。

游戏效果

　　可以感受自然的美丽并懂得感激。通过制作游戏道具来提高孩子的应用能力和创造力。去休假场所制作玩具的话会拥有美好回忆。

① 将饮料瓶放倒后从中间剪开做成碗的形状。

② 把吸管口剪成三个分支粘在饮料瓶上。

③ 装饰好两面纸后粘上树枝做成帆。

④ 用打孔器在饮料瓶两边打孔，插进树枝做成橹，也可以使用一次性筷子或者木筷子来代替。饮料瓶内装上树叶。

⑤ 将完成的小船用长绳子连接好放到水中去玩。

悠闲的中秋，有趣的游戏

游戏效果

亲手制作游戏用的道具可以获得成就感。体验我们的民俗游戏也有助于理解传统文化。

游戏材料

基本材料

泡面包装袋、橡皮筋、瓶盖、橡皮泥、剪子、木筷子、彩纸、大桶、油性笔、胶水、其他……

一起玩民俗游戏的父母

①-1

①-2

①-3

①-4

②-1

②-2

②-3

③

 感性妈妈的经验谈

"引导孩子对我们独有的民俗游戏给予关注。"

与我们小时候不同，现在的孩子更熟悉的是游戏机和令人眼花缭乱的玩具。利用节假日带着孩子体验下教科书中出现的民俗游戏怎么样呢？大部分的民俗游戏都是和许多人一起配合着玩的，这会成为培养孩子集体意识的宝贵经验。

① 把泡面包装带剪成四方形后，在中间放上瓶盖并包好，用橡皮筋将瓶盖周围紧紧扎好，剩下的部分剪成细条。毽子完成！

② 将木筷子一端粘上橡皮泥，另一端用彩纸装饰，做成投壶。关于我们固有的五方色，也讲解给孩子听。

③ 在不易倒的大桶上贴上彩纸做成投壶的桶！试试把投壶掷到桶中吧。

喜欢冬天最大的理由

美妙的圣诞树

游戏材料

基本材料

箱子、包装纸、绿色毛毡布、剪子、胶水或者胶枪、
亮片胶、毛球、小的塑料袋、油性笔、其他……

想要一起分享的妈妈的幸福计划

游戏附加材料

花纹彩纸、OHP塑料片

①-1

①-2

②

③

④

⑤

还可以这样玩！

1. 用数张花纹彩纸剪成大小不同的圣诞树。
2. 用油性笔在OHP塑料片上画画后做成圆筒
形晾干，套在蜡烛上。

游戏效果

成为活动的主体可以衍生出自信感，
一起度过的圣诞节意义更加深刻。可以使
孩子充满创造力和幸福感地成长。

① 准备较浅的盒子，用包装纸剪成合
适的大小贴在盒子内。

② 用绿色毛毡布剪成圣诞树的形状，
用胶水或者胶枪贴在盒子内。

③ 将亮片胶分散有形地挤在树上作装
饰，把毛球也粘在树顶。

④ 将包装纸剪成细细的，用油性笔在
上边写上圣诞箴言贴在树的下边。用小塑料
袋叠成的缎带在树顶做成蝴蝶结装饰。

⑤ 圣诞树完成！举着圣诞树照相并唱
《圣诞颂歌》吧。

生日派对游戏

游戏效果

可以过一个不花钱买礼物也能意义深刻的生日。孩子的自尊感也会大大提高。

游戏材料

基本材料

圆形容器、纸黏土、空彩铅笔管、饼干、松饼、糖果、巧克力、彩纸、剪子、透明胶带、生日蜡烛、塑料购物袋、包装彩带、其他……

珍爱孩子的爸爸妈妈

游戏附加材料

叉子、纸、彩铅笔、油性笔、绳子

1 将彩纸剪好粘在塑料购物袋上。卷成帽子的形状用包装缎带将顶部系好，并用彩纸做成流苏挂在帽子的顶端。

2 把纸黏土做成扁圆形的泥团，将圆碗翻过来，把泥团粘在碗的表面。把糖果和巧克力摁在黏土上粘好，用空彩铅笔管在黏土上点出花纹。

3 在碗的最顶端放上可以吃的饼干、松饼并插上生日蜡烛。

4 把彩纸剪成长条，旋转容器将其外缘包好，生日蛋糕做好啦。

5 准备写有生日贺词的卷轴信。点上蜡烛唱生日歌。

还可以这样玩！

1. 将孩子的画剪下来贴在叉子把上，立刻就变成了特别的叉子。

2. 生日派对的横幅很容易用彩纸做出来。

可以炫耀
一下我的
宝贝女儿
吗？

彩英现在上三年级，还需要度过很长时间的校园生活。但是从去年老师写给她的评价中可以看出，她将不在家的时间安排得很好，让一直准备美术游戏的我非常感动。班主任在给她的评语中这样写到：

· 了解工具的名称和安全的使用方法，能出色地利用工具完成手工。

· 能自由地表达自己的想法，表现能力非常突出。

· 对长辈非常有礼貌。

· 对事物有很大的好奇心，拥有新奇想法的才智和幽默。

· 积极热情地参加校园活动。

· 人缘很好，善于交朋友。

· 能够履行和实践基本的学习守则。

· 拥有坚持不懈的学习态度。

彩英不是那种每次考试都能得满分的孩子，但却是一个乐观向上、有自信心的无比可爱的孩子。正因如此，对她来说，学习不再是令人厌倦的可怕的事。不管什么事她都快乐地去做，而且付出了也就会有回报，也就不再害怕犯错了。

我想，这应该就足够了吧？妈妈在家庭中能教给孩子的最重要的事就是对学习的基本态度。相信将来彩英会做得越来越好！和孩子快乐地玩耍，坚信孩子会有幸福的未来吧！

感性妈妈的幸福日子，
感性妈妈的幸福美术故事

　　我自称为"感性妈妈"，因为我认为为了教育孩子妈妈需要拥有与众不同的感性，虽然实际上并没有多么伟大。认真观察孩子的观察力、为了孩子哪怕挤出一小会时间的真诚、站在孩子立场上考虑的心，这些是每个妈妈都要做到的。在此基础上再加一点叫做"美术"的养料，孩子就会更快乐，当然妈妈自身的能力也会大大提高。在生活中进行美术实践吧，小小的创意也能让妈妈的时间更精彩。

妈妈和孩子
一起玩
也一起
成长

装饰品设计师
让我们的家更加可爱有趣又充满活力

1

喜欢美术游戏的妈妈对于美化家居都会很感兴趣，有的妈妈会认为孩子还太小家里很难装扮得很干净。其实可以改变下想法，正是因为有孩子才可以不用特别的准备和工具就可以把家里装扮得很温馨，只要有一颗想把有趣的游戏融入生活的慈母心就可以了。孩子粗糙笨拙的劳作中所散发出的气息，是无法从彰显专家个性的成品中体会到的，那气息便是孩子青葱活泼的存在感。将孩子的生机不加修饰地展现出来，用这样的作品来装扮我们的家吧。阳光灿烂的日子里，妈妈抚摸着放在家里每个角落的孩子的作品，深深地呼吸着满室的爱意。倾心培养孩子的妈妈，随时随地都可以变身为装饰美丽小窝的设计师。

将木质收纳盒翻转过来，彩英在上边作画。我们家的客厅中央没有放置冰冷的电视机，而是摆放了彩英的这些作品，让整个家充满了孩子温暖的存在感！

核桃壳有着硬邦邦又有趣的外形，扔掉怪可惜的。将几粒米或者小的种子粘在上面，再将其放到搁板上，是不是小巧玲珑又可爱？

食物设计师
让朴素的餐桌香气四溢

2

几乎每位妈妈手边都会备有一两本菜谱书，里面的菜品让人垂涎三尺。然而实际上真正照着书为孩子做饭的次数屈指可数。

其实，让餐桌变得丰富多彩只需一点点创意和耐心。如果妈妈在炒饭上面铺上煎蛋，孩子会笑着说："今天的饭胖胖的。"不要因为美食太难做就放弃，稍微用点心思吧。比如，煎鸡蛋时把蛋黄和蛋清分开做，用番茄沙司来点缀，或将土豆捣碎揉成球形，将附近的温馨小物也拿来装扮餐桌。虽然这比不上菜谱书中那样华丽的高级大餐，却是融合了妈妈的爱与真诚的一桌美食呢，这样就足够了。

1

2

3

1. 虽然菜单很简单，但通过不同颜色和各种诙谐的组合，在早晨的餐桌上升起一轮圆圆的微笑太阳。

2. 用各种方式来摆放筷子和勺子。

3. 桌垫上也有孩子的画！使餐桌也充满爱意。

4. 用孩子的作品装饰爸爸做的奶油意大利面和吐司，幸福的餐桌完成！

5. 主要的零食要符合一家人的胃口和习惯，视觉效果要有大餐风采，同时还要尽量减轻妈妈的负担。摆放零食的时候也要注意造型美观哦！

4

5

成为一名设计师
为了崇拜父母的孩子

3

越是小孩子就越喜欢角色游戏。孩子会偷偷穿戴爸爸妈妈的衣服或者首饰，会偷偷用化妆台上妈妈的化妆品，这都是出于一种好奇心。

那就不妨用孩子垂涎的父母的东西来打扮他吧！我第一次用自己的花纹丝巾和爸爸的领带来打扮彩英时把全家都逗笑了。以后便上了瘾，每次外出都会积极地把她打扮一番。妈妈就应该是全家的爱心设计师。

1   2   3   4

1. 印有孩子画的棉T恤

给孩子一件白色棉T恤吧！孩子画上画的T恤是任何名牌都比不上的帅气衣服呢。

2. 用妈妈的丝巾打个漂亮的结

有了妈妈的一条丝巾，孩子就能放飞梦想，做出无数的表情。

3. 用爸爸的领带变有型

爸爸的领带可以让孩子很酷哦，孩子的梦想由妈妈播种，爸爸培养。

4. 用包装缎带变华丽

日常生活中常用的包装缎带本身就是装饰品。将其粘在发卡上就可以华丽地出场啦。

成为花匠，赠送美丽

鲜花可以让人心情愉悦，可以装点生活，也可以传递情感。

因为和小区花店关系不错，所以我偶尔会收到很不错的东西，有点软掉的绿泥块或者装饰用的花枝等。我经常和彩英边制作花篮边叽叽喳喳地聊天。

在家庭纪念日或者熟人的生日时，我会把和孩子一起制作的花篮当做礼物。把自制的花篮作为礼物，孩子的表情中充满了喜悦和自豪呢。妈妈也从一个没有插花知识的门外汉逐渐变成插花高手。

和孩子一起插花，一起开心的笑，一起发现生活中的美，一起用鲜花装点生活，你也会成为一个幸福的花匠。

4

在酸奶瓶和缎带装饰的花瓶中盛放孩子制作的蝴蝶和名签是如此的美丽。

孩子送的花篮让整个房间都变得华美，这带来的感动是任何礼物都无法媲美的。试着制作绽放着妈妈的真诚和孩子的微笑的鲜花礼物吧！

5

美术治疗师
让浮躁的心灵平和镇静

和家人在一起的日常生活中有许多难忘的场景。孩子有时会招人厌烦，丈夫有时会没来头地发脾气，让我们的心情时好时坏。我也经常因为孩子的捣蛋和丈夫的冷面而生气。当他们都外出只有我一人留在家里的时候，心情难免会十分惆怅，而且会越发难过。

所以我发明了我的独门美术治疗法！

当我生气时，会把家人的相片拿出来，从中找出照得不太好的，把丈夫和孩子的脸剪下来，粘在两面纸上，并把我的不满和要求都写下来，再贴到房间门、冰箱门上。虽然孩子和丈夫回到家时看到这些都是在一旁嘻笑，但是在我生气并且提出要求的时候还是会显露出抱歉的神情。

把家人的脸剪下来粘在纸上的时候，我的火气不仅早已消失了，还制造出了使家人之间更亲密的美术作品。所以，请像我一样，找到一种恰当又不伤害家人的释放压力的方法吧！

整个脸蛋沾满了猪蹄的油渍，咯吱咯吱啃夜宵的小彩英。

旅行途中老公令人起鸡皮疙瘩的微笑相片。

把彩英和老公和睦的样子组合起来。照片中只剪下来脸部，利用即时贴和杂志上的动物照片进行合成。

充满智慧的美术游戏
辅助材料

只是买来很多材料堆放在那，游戏的质量是不会提高的，反而一不小心就会失去美术游戏的最终目标。拼攒购买的材料很快就会被用光。所以计划美术游戏的时候，把一定要买的材料和生活中零碎收集的材料分开准备比较好。特别是生活中的可循环品，真的可以为孩子单纯的创作欲望点燃火花。在没有正确答案的生活中自己寻求解决方法，在这一过程中自有美术游戏的真谛。

适合购置的**材料**

1.画画工具

绘画工具很好找，而且大部分都不昂贵。分类购买，并且放在易区分的盒子中保存。各式各样的绘画材料可以开发孩子细致的大脑。

（1）1岁以上使用的安全无毒蜡笔

蜡笔看上去颜色暗沉些，但是比较柔软，适合作为孩子初次绘画的工具。蜡笔很容易折断，所以要避免孩子误食。

（2）最常用的粉蜡笔

粉蜡笔是蜡笔与彩色蜡笔的合成产品。比蜡笔更结实柔软，比彩色蜡笔要坚硬。色彩易于融合，可以多色配合使用。1~4岁的孩子可以使用12~24色，5岁以上的孩子可以使用36色以上的色彩。在户外画画时阳光强烈的话易融化，所以要在阴凉处使用。

（3）柔软的彩色蜡笔

彩色蜡笔比粉蜡笔要软得多，让人感觉仿佛在用口红作画，孩子们非常喜欢。但是缺点是因为过软消耗过快，比粉蜡笔相对要贵。适宜在画画方面没有自信的孩子使用。

（4）表达细腻成熟的彩色铅笔

粗粗的彩色铅笔质地结实而又下笔浓重。由塑料笔身包裹的彩色铅笔削起来很方便，但是颜色黯淡也容易断铅。应该注意不要将塑料笔身拉得过长或者一次露出太多芯。

铅笔型的彩铅笔非常适合孩子画画用，只是需要用文具刀或者转笔刀削铅。上色真实，颜色种类也丰富，可以画出非常细腻的画作。水彩画也兼用，可以用毛笔蘸水在孩子的画作上轻轻一涂就能做出水彩画的感觉。一幅普通的画也可以看上去很不错，孩子的成就感也会因此提高。

（5）浓重光滑的签字笔

和其他工具相比颜色更鲜明，可以很容易地作画，是可以提高孩子自信的好工具。但是孩子用力过度的话很容易将笔芯推进笔管，也有可能会沾得手上到处都是。弥补这一缺点的有一种叫做可擦记号笔的笔，沾在手上也很容易清洗。

（6）粗而有力的油性笔

油性笔和签名笔可以在孩子的作品或者有涂层的表面上使用，使制作和绘画表现的重点更加鲜明。油性笔如果划到皮肤上用风油精涂抹就可以去掉，但要避免风油精沾在手上揉进眼睛里。

（7）了不起的美术用4B铅笔

最细腻的绘画工具之一，笔芯粗细不同深浅也不同。数字越大上色越重。经常使用的4B铅笔色泽比较厚重，适合孩子使用。画错了也可以擦除，所以是孩子们认为最方便的绘画工具。

（8）失误了也可以重获机会的橡皮

美术上宜使用材质较硬的橡皮，可以挑选孩子喜欢的大小和样式。铅笔或者彩色蜡笔画完的东西再用橡皮涂抹也可以产生不一样的效果。

（9）线条细密而尖锐的圆珠笔

除了铅笔以外最细密的工具。笔芯鲜明不用担心会被折断，尖而小的笔头利于表现细腻的线条。作为成人经常使用的工具之一，孩子会产生一种好奇心。

（10）重现墨般感觉的软笔

将墨水和毛笔的功能合二为一的绘画工具，可以体验东方画风。可以体现线条柔润浓淡变化，所以孩子会感觉很神奇。因为墨容易沾到手或者身上而且很容易磨损，准备小瓶墨汁像毛笔那样使用也不失为一个好方法。

2. 涂色工具

上色会使作品更富有生命力，对培养孩子的色彩感觉也有一定的效果。通过使用花花绿绿的颜色柔软地上色有助于孩子获得积极的能量，累积的坏情绪也会一扫而空。

（1）可以用水调节浓度的颜料

一般使用的颜料是水彩画颜料，和水调和后给人以清透的感觉。一小瓶广告色比水彩颜料需要的水更少，上色也就更重。婴儿的手脚印章、涂鸦等也可以使用加入绿豆粉成分的浓稠的蛋胶颜料。

（2）在哪里都可以快干上色的丙烯颜料

在纸以外的多种材料上都可以上色，应用范围非常广泛。快速可干且不会沾得到处都是，非常方便。

（3）渲染神秘的蛋胶颜料

在纸上揉搓会呈现淡淡的色粉，给人以梦幻般的感觉。用卫生纸或者手指去晕染的话连没有涂到颜料的地方也会有晕染的色泽，尤其适合对上色感到有负担的孩子使用。

（4）粉彩笔

因为外形和塑料实验工具类似，如果孩子用嘴巴呼地一吹，彩粉就会像被喷雾器吹出的一样附着在纸上自然地晕染开来。这种神秘的体验可以帮助对画画没有兴趣的孩子产生好奇心。

（5）呈现颜料的毛笔

毛笔号越小就越细。2~4岁适合用12号以上的毛笔起步，5岁以上开始使用细的毛笔来培养协调能力。注意不要让孩子用毛笔敲打和乱挥，正确使用工具的基本习惯是非常重要的。

（6）方便调颜料的调色板

幼儿时期可以使用塑料桶、鸡蛋盒、大盘子来代替。将颜料挤在铁制的调色盘放干，每次使用时用毛笔蘸水轻轻化开也很方便。颜料可以用很久也减少了清洗的负担。

3. 粘贴工具

胶水、透明胶带、胶枪，有这三样便足够了。其他黏合剂在有特别想做的游戏和活动时选择性购买即可。

（1）让孩子体验黏腻感的饭浆

孩子柔嫩的皮肤接触市场卖的胶水，就算说是无毒也会令人很不安吧。那么就用水调和出来的饭浆体验黏腻感和黏结性。

（2）液体胶水和固体胶

最常使用的液体胶水以及干净利落的固体胶，教孩子如何调整取出所需的剂量。特别是固体胶，孩子有可能会跟着学，所以不要示范涂抹在嘴唇上。

（3）粘贴不同材质材料的万能胶（木工用胶）

粘贴纸黏土、木头、布料、皮革等时使用。开始呈白色，慢慢干了之后会变成透明状。粘着力很好但是耗时长。

（4）哪里用都很方便的透明胶带

注意不要被刀割伤手指。孩子在学会了使用方法后，粘贴材料时就非常方便，两面胶也是不错的选择。

（5）可以粘贴大部分东西的胶枪

插电后加热熔解固体的胶棒，使用熔胶来粘贴材料。孩子会用新奇的眼神观察这个不管什么东西都能紧紧粘牢的胶枪。热胶有可能烫伤皮肤要格外小心。

4. 剪切工具

剪切和画画一样需要集中注意力。有一把称手的剪刀比什么都强，像画画一样，慎重的态度是十分重要的。

（1）剪断粗铁丝的钳子

不经常使用但又不可或缺的工具。

（2）剪出理想形状的剪刀

要准备符合孩子手掌大小的剪刀，从第一把剪刀开始就要帮助孩子掌握正确的姿势，纠正不好的习惯是很困难的。使用左手的话更要仔细照看。孩子剪不出想要的方向时比毁掉一张画更容易意志消沉。如果想剪出奇特的造型，可以使用锯齿剪或者造型剪，但是频繁使用的话可能会丧失对普通剪刀的兴趣，所以要引导孩子只在需要的时候使用。

（3）锐利的工作刀

需要大量裁剪的时候，把纸张铺在玻璃上裁剪，或者扎孔时使用。孩子自己使用很危险，妈妈要尽量找方便裁剪的材料才行。对孩子来说，用塑料面包刀也可以剪切黏土类材料。

5. 打底的纸张

从素描本到家中常用的两面纸都可以使用。发挥奇思妙想，也可以寻找到纸张的替代品。

（1）最基本的写生本

带着内有8开大小的白色图纸的幼儿用写生本，不管去哪都可以把自己的感情表达出来，十分便利。比写生本更小更方便携带的还有速写本和素描本。

（2）花花绿绿的彩纸

彩纸就像崭新的写生本一样，是孩子喜欢的材料。花纹和材质多种多样，非常好用，所以在提高孩子的色彩感觉和创造力方面有很大帮助。

（3）动态游戏使用的模造纸

模造纸是全开尺寸的纸张，常用于活动较大的表演或涂鸦等自由的表现形式中。纸张的大小以全开＞2开＞3开＞4开＞8开＞16开＞32开的顺序越来越小。模造纸比较轻薄，用手即可以撕开，帮助孩子展开或者整理吧。

（4）散发香气的宣纸（韩纸）

对孩子来说传统材料的体验十分有意义。让孩子进入不断前行发展的韩纸世界中吧。

（5）各种各样有用的色纸

一般色纸比起彩纸尺寸更大，根据材质和纹理又分为肯特纸、卡纸、厄特曼纸等。可以用于画画也可以制作礼物卡片。

（6）呈现立体感的EVA品

有点软垫触感的柔软素材，柔软性非常出色，色彩也很鲜明，用于手工和装饰表面可以有很大的成就感。做成帽子和衣服的效果也很好。

（7）呈现各种花纹的彩色纸

背面有不干胶很方便粘贴。有防水效果，在浴室游戏中也可以使用。孩子在彩色纸上作画，将其粘在镜子或者瓷砖上，孩子会非常高兴。

（8）透明而直挺的OHP塑料片

用油性笔在OHP塑胶片上画画，再让孩子透过塑胶片来观察，孩子会觉得很神奇。用剪子也很容易裁剪，边角料也可以用来画画。

（9）布料般感觉的不织布和毛毡布

不织布比纸张更结实耐用，还可以利用针线缝合，所以在游戏中使用会很生动。毛毡布更高级，也更柔软。

6. 特色活动使用的材料

虽然不是必需品，但偶尔使用可以升华游戏也可以有更大的满足感。为了提升游戏的趣味性购置一二即可。

（1）软绵绵、圆嘟嘟的棉花球

颜色丰富而且手感柔软，经常用于制作娃娃的鼻子或者装饰。

（2）硬实而小巧的各色泡沫塑料球

比棉花球坚硬，所以牙签和铁丝可以很好地穿透。

（3）制作可移动造型物的包皮电线

可以随意弯曲成想要的形状，在有特色的集体活动中可以使用。

（4）赋予手工生命的玩偶眼睛

要赋予孩子制作的作品以生命。平平的脸上粘上玩偶眼睛，立刻就变得栩栩如生。

（5）可以进行简洁装饰的材料

孩子制作的作品的完成度取决于使用什么装饰材料，用纽扣代替玩偶眼睛粘上去的话又是另一个作品了。纽扣、洋镜片、彩色珠子等球类化工材料、夹子、吸盘、布胶带等装饰材料千变万化。根据孩子或者妈妈的喜好进行选择吧。

（6）一捏成型的优质黏土

黏土是一种孩子非常喜爱、又能培养孩子创造力和表现力的绝佳材料。用纸做的纸黏土以及轻而细软的川沙黏土都是白色的，还有各种颜色的橡皮泥、揉起来非常柔软干后能弹起的弹跳黏土、使用粉末淀粉制作的幼儿用的彩色面粉黏土、保持原本土色的胶泥等，种类多种多样。

7. 家里可以找到的生活美术材料

虽然不是必需品，但偶尔使用可以升华游戏也可以有更大的满足感。为了提升游戏的趣味性购置一二即可。

（1）纸箱和纸盒

将牛奶瓶、礼物包装盒、快递纸箱、水果箱等收集起来，不但可以作为画画用的厚纸材、手工作品的主要材料等，而且还可以用于保管材料和工具。将一个结实硕大的箱子包上干净的纸后可以用来存放较小的纸箱子。

（2）牛奶瓶

果汁、果酱、断奶食品的瓶子等都可以用于儿童手工，用来收集和整理细碎的材料也正合适。只是放着也很漂亮，洗干净晾干后用碎布头包装纸装点一下立刻成为精致的小物。

（3）各种容器

种类和大小多种多样的饮料瓶，朴素的酸奶瓶、泡沫塑料容器、一次性饭盒等都是有用的材料，可以激发各种手工创意。如果烦恼应该怎么制作、用什么做，那么在看到各种容器的瞬间，孩子的点子库就开始吱吱运转起来。这些都有助于解决孩子的创意性问题，所以请整理和收集透明的塑料容器吧。

（4）其他

洗衣店的铁丝衣架、纽扣、容器盖、卫生纸芯、厨房箔纸、包装纸、闲置衣物、头饰等都可以用来作为游戏的辅助材料。特别是收集瓶子或者文具类的盖子做成作品的眼睛、鼻子、嘴，或者将铁丝、衣架等作为大型结构作品的门窗、翅膀等，可以节省在装饰材料方面的支出。同类瓶盖全部放在一起的话，可以扩展为积木游戏、做造型等。保管上可以利用脏衣服收纳盒、塑料容器、束之高阁的菜盒等。